Q&A
マイナンバー制度で変わる
企業の実務と対応策

みらいコンサルティンググループ 編著

セルバ出版

マイナンバー制度は日本を変える最後の切り札

マイナンバー制度が、平成27年10月5日に施行され、平成28年1月より利用が開始されます。この制度は、個人にとっても企業にとっても負担ばかりで得にならないように受け取られ、評判は必ずしもよくありません。が、私どものような税金や社会保険の専門家からすると、もっと早く導入されるべき制度であったというのが正直な感想です。

税金や社会保険の制度は、誰からも正しく公平に徴収され、適切に運用、さらに給付されるのが前提で成り立っています。しかし、今の日本では、多くの人々、特に若い人たちが、その前提を疑っているのではないでしょうか。

所得、あるいは資産を正しく把握できないことによる徴収漏れや申告漏れはもちろんですが、行政機関同士の横の連絡も不徹底であるため、年金、生活保護などの不正受給などは後を絶ちません。2007年には、年金の記録5、000万件が宙に浮いているという事実が明らかになり、日本中が大騒ぎになりました。

たいへん残念な出来事ですが、これは、名寄せ、突合ができていないことが原因です。もともと日本人の名字の数は、非常に多くて複雑です。「サイトウ」(斎藤、齊藤、齋藤など)「ワタナベ」(渡辺、渡邉、渡部など）など、新字と旧字の区別があり、いくらコンピュータの性能が優れていても、文字や読みが違っていれば別人になってしまいます。さらに、結婚や引っ越しなどで、名字が変わったりすると、名寄せは本当に難しく、特定の個人を識別するコード（番号）が必要になるのは明らかです。

しかし、国民総背番号制は廃案に追い込まれ、住基ネットもほとんど利用が進んでいません。その背景には、「プライバシー問題」や、厳しく税金を徴収されることへの国民の拒絶反応があったのではないでしょうか。

私たちみらいコンサルティンググループは、税金や社会保険の専門家集団を抱えており、きちんと正しく支払うことで日本が豊かになると信じています。

先に申しましたとおり、マイナンバー制度は、すぐに効果が表れるわけではありません。しかし、公平な税金の徴収とキメの細かな社会福祉の実現、災害時の支援等が実現する第一歩が始まると考えています。

セキュリティの問題もありますが、ＩＴ化が進めば、やがて面倒な年末調整や納税手続から企業も個人も解放される可能性があります。そうすれば、日本企業の管理費が下がり、本業に注力できれば、競争力も高まるでしょう。

ある経営者は、マイナンバー制度を日本企業再生の「最後の切り札」とまで評していました。この記念すべき第一歩であることを理解していただき、皆さんの会社での仕事や生活にどのような変化が起こるか、そしてどのように対応すべきかを現時点での情報を基にわかりやすく解説しました。

どうぞ、最後までお読みください。

平成27年4月

みらいコンサルティンググループ　グループCEO　公認会計士　久保光雄

Q&A　マイナンバー制度で変わる企業の実務と対応策　目次

第1章　マイナンバー制度の概要と企業への影響　Q&A

第2章　健保・厚年・雇保等関係の実務変更点と対応策　Q&A

第3章　所得税・法人税等関係の実務変更点と対応策　Q&A

第4章　その他の実務変更点と対応策　Q＆A

第5章　情報セキュリティの実務と対応策　Q&A

第1章

マイナンバー制度の概要と企業への影響 Q&A

Q1　マイナンバー法って何

マイナンバー法とは

平成25年5月24日に「行政手続における特定の個人を識別するための番号の利用等に関する法律(以下、マイナンバー法と呼称します)」および関連法が成立。平成27年10月5日を施行期日とし、平成28年1月1日にマイナンバーの利用を始めることが決定されました。

マイナンバー法の目的は、まさにその名のとおり、「行政手続における特定の個人を識別するための番号利用等に関する法律」であり、自治体が関与する行政手続について多く規定されています。

マイナンバー制度は、複数の行政機関に存在する個人の情報を同一人の情報であるということの確認を行うため、「社会保障」「税制度」の効率性・透明性を高め、国民にとって利便性の高い公平・公正な社会を実現するための社会基盤(インフラ)を目指しています。

政府のいうマイナンバー制度の機能は、図表1のとおりです。

マイナンバー制度導入の6つの効果

政府は、マイナンバー制度の導入により、「社会保障」「税」「災害対策」の各分野で次の6つの

【図表１　マイナンバー制度の概要】

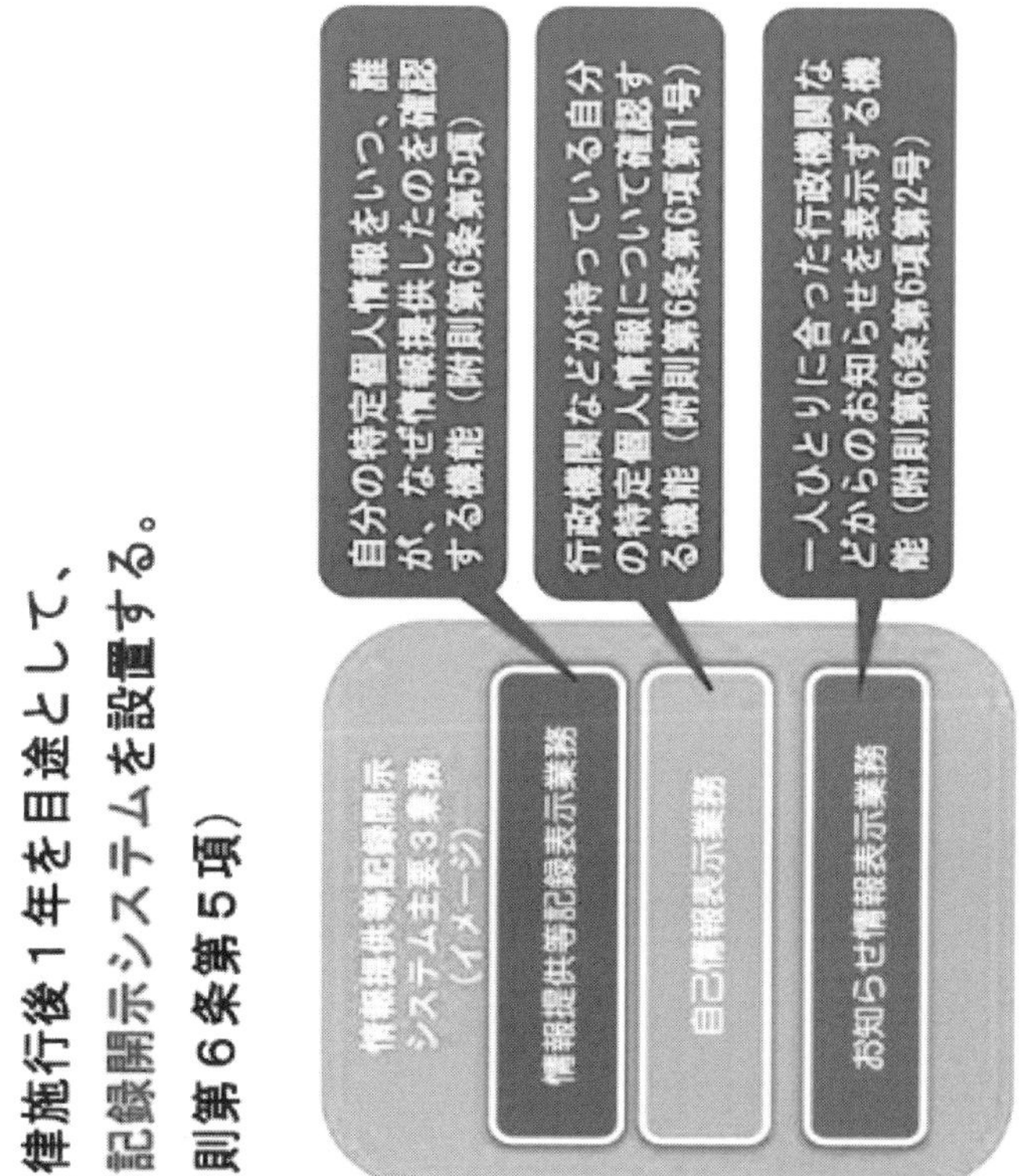

出所：内閣官房「マイナンバー　概要資料」より

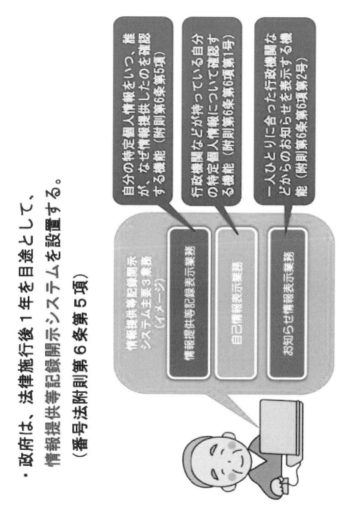

効果があると見込んでいます。

① より正確な所得把握が可能となり、社会保障の給付や税負担の公平化が図られる。
② 真に手を差し伸べるべき者を見つけることが可能となる。
③ 大災害時における真に手を差し伸べるべき者に対する積極的な支援に活用できる。
④ 社会保障や税に係る各種行政事務の効率化が図られる。
⑤ ＩＴを活用することにより添付書類が不要となる等、国民の利便性が向上する。
⑥ 行政機関から国民にプッシュ型（お知らせ型）の行政サービスを行うことが可能となる。

また、マイナンバー法を導入することで期待される社会の変化としては、次の５つを上げています。

① より公平・公正な社会
② 社会保障がきめ細やかかつ的確に行われる社会
③ 行政に過誤や無駄のない社会
④ 国民にとって利便性の高い社会
⑤ 国民の権利を守り、国民が自己情報をコントロールできる社会

マイナンバーは住民票を有する１人に１つを付与

マイナンバーは、住民票を有する１人に１つの番号を付与し、最新の基本情報（氏名、住所、性別、生年月日）と関連づけ、行政サービスの利便性・正確性を高め、公平かつ公正な社会を実現す

るものです。なお、法人には、法人番号を付番する仕組みになっています。

これにより生活保護や年金の不正受給、資産隠しによる税の徴収漏れを防ぎ、本当に助けを必要としている人へ援助の手を差し伸べていくことができます。

また、複数の行政機関（年金事務所、健康保険組合、ハローワーク、税務署など）ごとに付番した個人番号とマイナンバーを紐付けすることで、年金の支払額や給付などについての自分の情報を確認したりすることもできるようになります。平成19年の年金の記録5，０００万件が宙に浮いているという「消えた年金」のような不幸な出来事は二度と発生しないと思われます。

実現すれば、自分で調べずに、自分に合った様々なサービスが各段に利用しやすくなります。

加えて、行政機関や地方公共団体などで、様々な情報の照合、転記、入力などの時間や労力が大幅に削減されます。複数の業務の間での連携が進み、作業の重複などの無駄が削減されます。

Ｑ２　マイナンバー制度の実施はいつから

マイナンバー制度の実施（導入手順）は、次のようになっています（図表２）。

(1)　平成27年10月　マイナンバー通知カード送付、法人ナンバー通知

マイナンバー制度は、平成27年10月から、「通知カード」（紙のカードで氏名、住所、生年月日、

【図表２　制度実施のロードマップ（案）】

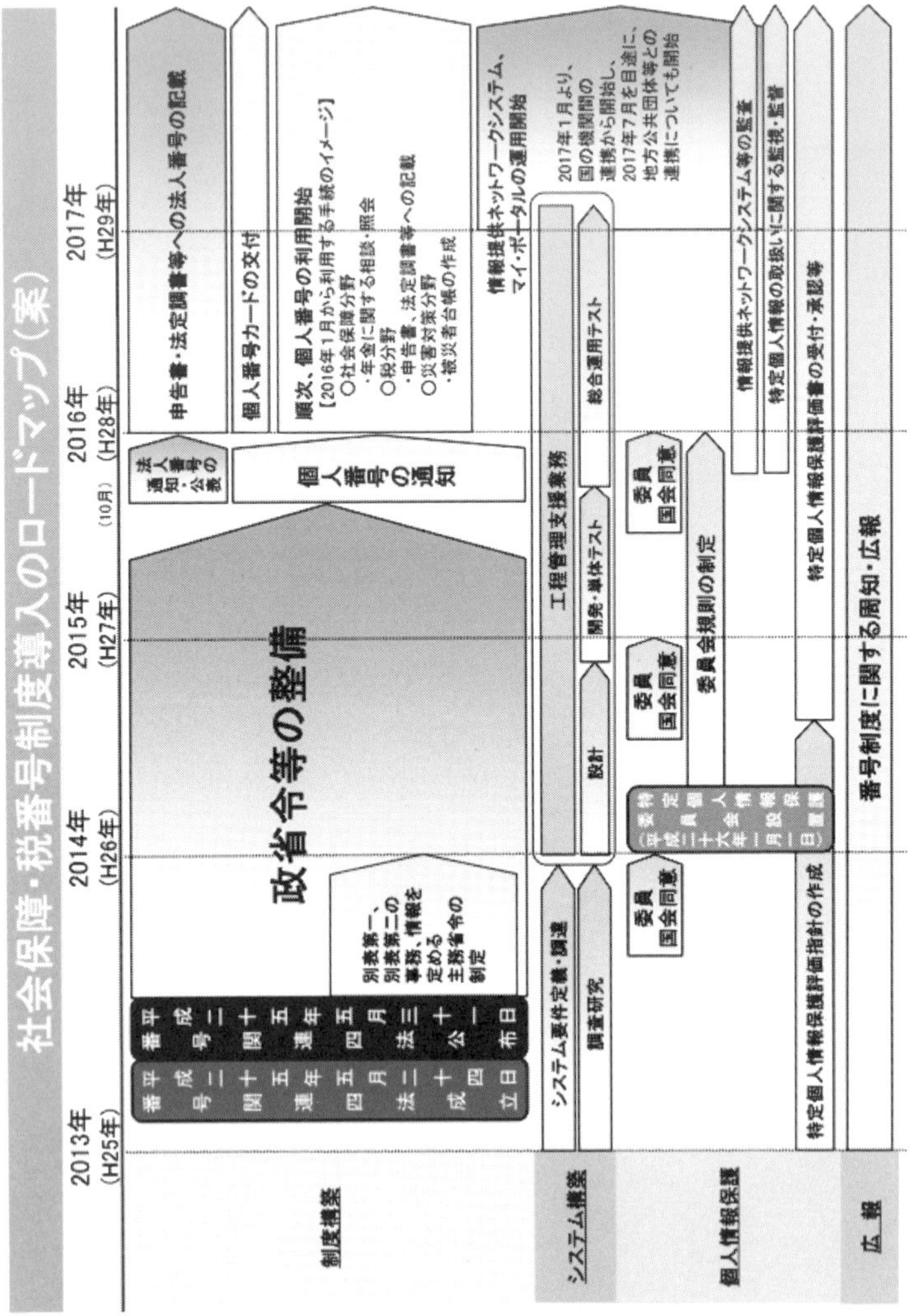

出所：内閣官房「マイナンバー　概要資料」より

【図表３　「個人番号カード」の例】

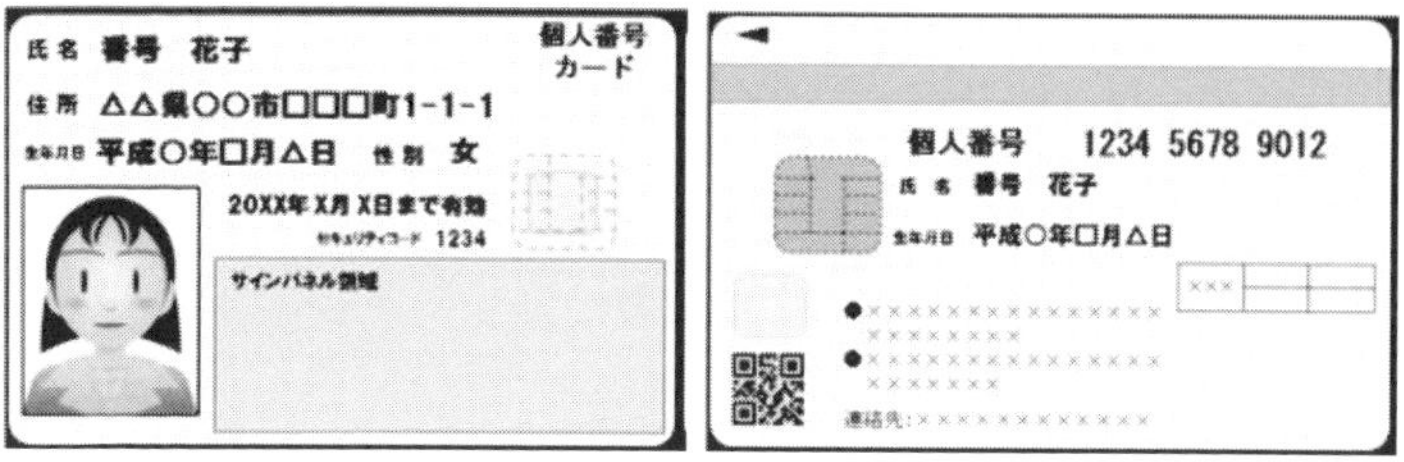

出所：内閣官房「マイナンバー　概要資料」より

性別の基本４情報とマイナンバーが記載されています）が住民票のある市区町村から送られてくることになっています。

通知カードは非常に大切なものですから、個人はもちろん家族のものも大切に保管してください。会社においても、従業員にも取扱いの注意を喚起する必要があります。

⑵　平成28年１月　個人番号カード配布、申告書や法定調書等に法人番号を記載

個人番号カード（図表３）は、通知カードとあわせて個人番号カードの交付申請書を送付し、市区町村の窓口に来庁すれば、顔写真の確認等をした上で交付されます。表面に氏名、住所、生年月日、性別の基本４情報と顔写真、裏面にマイナンバーが記載されます。

個人番号カードは、希望者しか与えられませんが、今後の事務効率等を考慮すれば、個人番号カードの交付を受けたほうが便利になります。

また、本人確認のための身分証明書として使用できるほか、就職や転職、出産育児、病気、年金受給、災害等での利用が考えられています。

将来的には、電子証明書による民間部門を含めた電子申請・取引等における利用もなされていくでしょう。

例えば、確定申告（e‐TAX）や金融機関からの入出金等の確認、図書館の利用時などが考えられます。

今後、電子申請等のサービスの拡大により、個人番号カードは非常に大切なカードになるため、マイナンバーの管理は重要になってくるでしょう。

⑶　平成29年1月　情報提供ネットワークシステム、マイナポータルの運用開始

平成29年1月より、国の機関間の連携から開始し、平成29年7月を目途に地方公共団体等との連携が始まります。

また、本人が、行政機関がマイナンバーのついた自分の情報を確認したり、お知らせを受け取るマイナポータルサービスも開始されます。

マイナポータルで、行政機関内の情報の内容確認やいつ、どことやりとりした履歴の確認、自分に対する必要なお知らせ情報等を自宅のパソコン等から確認することができるようになります。

成りすましの防止等、情報セキュリティに十分に配慮する必要があるため、マイナポータルを利用する際は、情報セキュリティやプライバシー保護のため、個人番号カードのＩＣチップに搭載される公的個人認証を用いたログイン方法の採用を採用する予定となっています。

Ｑ３　マイナンバー制度の仕組み・利用メリットは

⑴　マイナンバー制度の仕組み

マイナンバー制度は、図表４のように「付番」「情報連携」「本人確認」の３つの仕組みで構成されます。

① 付番……住民票を有する１人ひとりに新たに唯一無二の「番号」を最新の住所情報と関連付けて付番する仕組み
② 情報連携……複数の機関において、それぞれの機関ごとにマイナンバーやそれ以外の番号を付して管理している同一人の情報を紐付けし、相互に活用する仕組み
③ 本人確認……個人がマイナンバーを利用する際、利用者がマイナンバーの持ち主であることを証明するための本人確認の仕組み

住民票をもとにマイナンバーが付番されるため、住民票の住所が最新のものであるかの確認をしておく必要が出てきます。

また、行政機関は、会社にマイナンバーを教えることはありませんので、会社は、本人からマイナンバーを収集する必要があります。

【図表４　マイナンバー制度の仕組み】

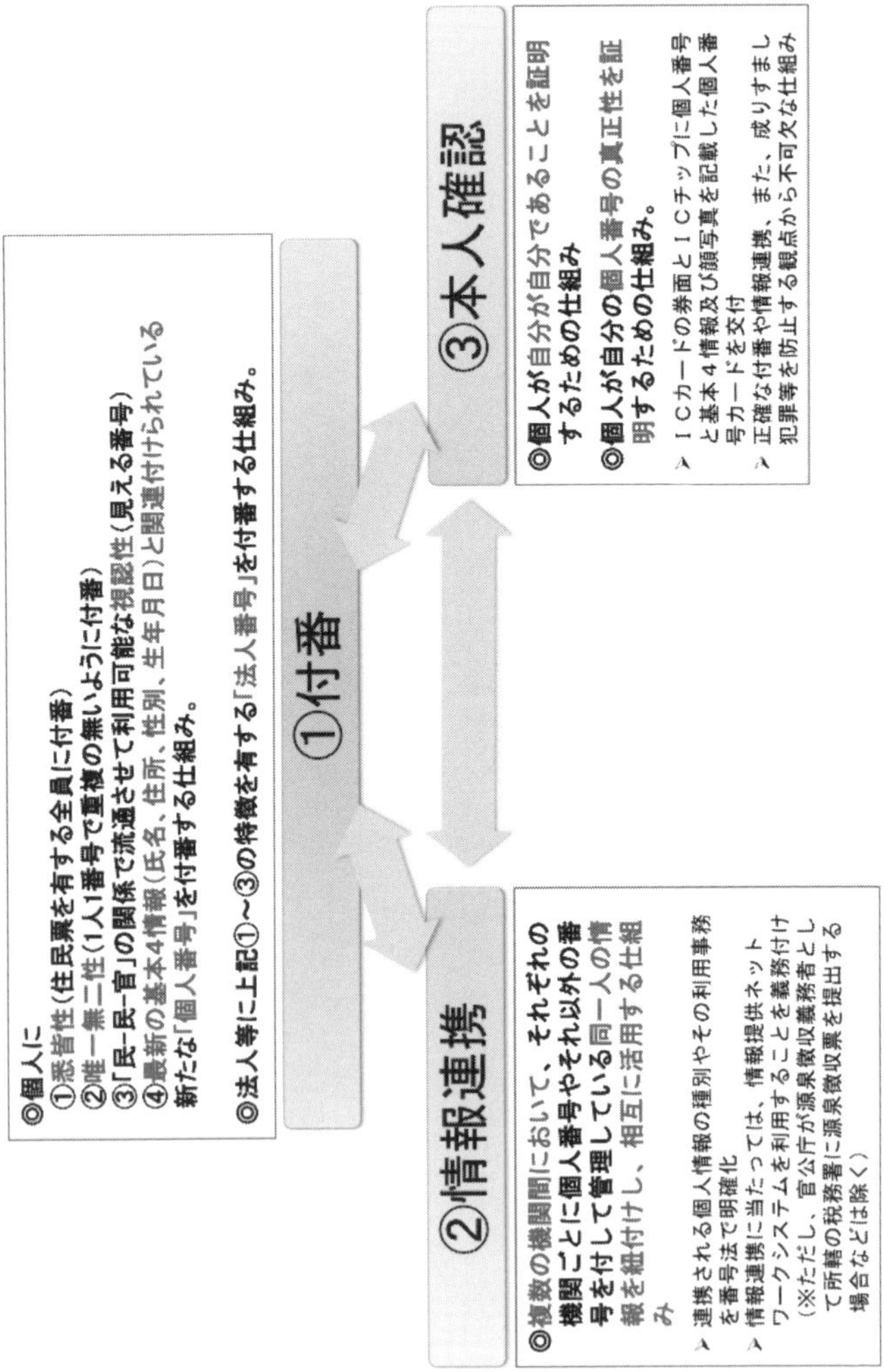

出所：内閣官房「マイナンバー　概要資料」より

(2) マイナンバー制度でできるようになること

マイナンバーの利用として、生まれたときにマイナンバーが通知されます。市区町村によりますが、児童手当等の給付のお知らせがマイナポータル上で通知されることが考えられます。

高校生や大学生になったとき、高等学校等支援金や奨学金の申請手続の際に、住民票や保護者等の課税証明書の添付を省略できます。

① アルバイトや就職したときには、マイナンバーを提供し、会社が源泉徴収をすることになります。

② 結婚をしたときには、扶養家族の番号を提供し、「国民年金の第３号被保険者（専業主婦（夫））の認定」「健康保険の被扶養者認定」の手続の際に課税証明書の添付を省略できます。

③ 子供が生まれたときは、会社に扶養家族の番号を通知し、健康保険の扶養家族に追加します。また、児童手当の現況届（毎年６月）の際にマイナンバー提示すれば、年金手帳や健康保険証の添付の省略ができます。

④ 会社を退職したときは、国民健康保険加入手続の際にマイナンバーを提供することで、退職前に加入していた健康保険の被保険者資格喪失証明書の添付を省略することができます。

⑤ また、年金事務所に厚生年金の裁定請求の際にマイナンバーを提供することで住民票、課税証明書の添付を省略できます。

つまり、マイナンバーの利用により、「①よりきめ細やかな社会保障給付の実現」「②所得把握の制度の向上等の実現」「③災害時における活用」「④自己の情報や必要なお知らせ等の情報を自宅の

【図表５　マイナンバー制度実施のメリット】

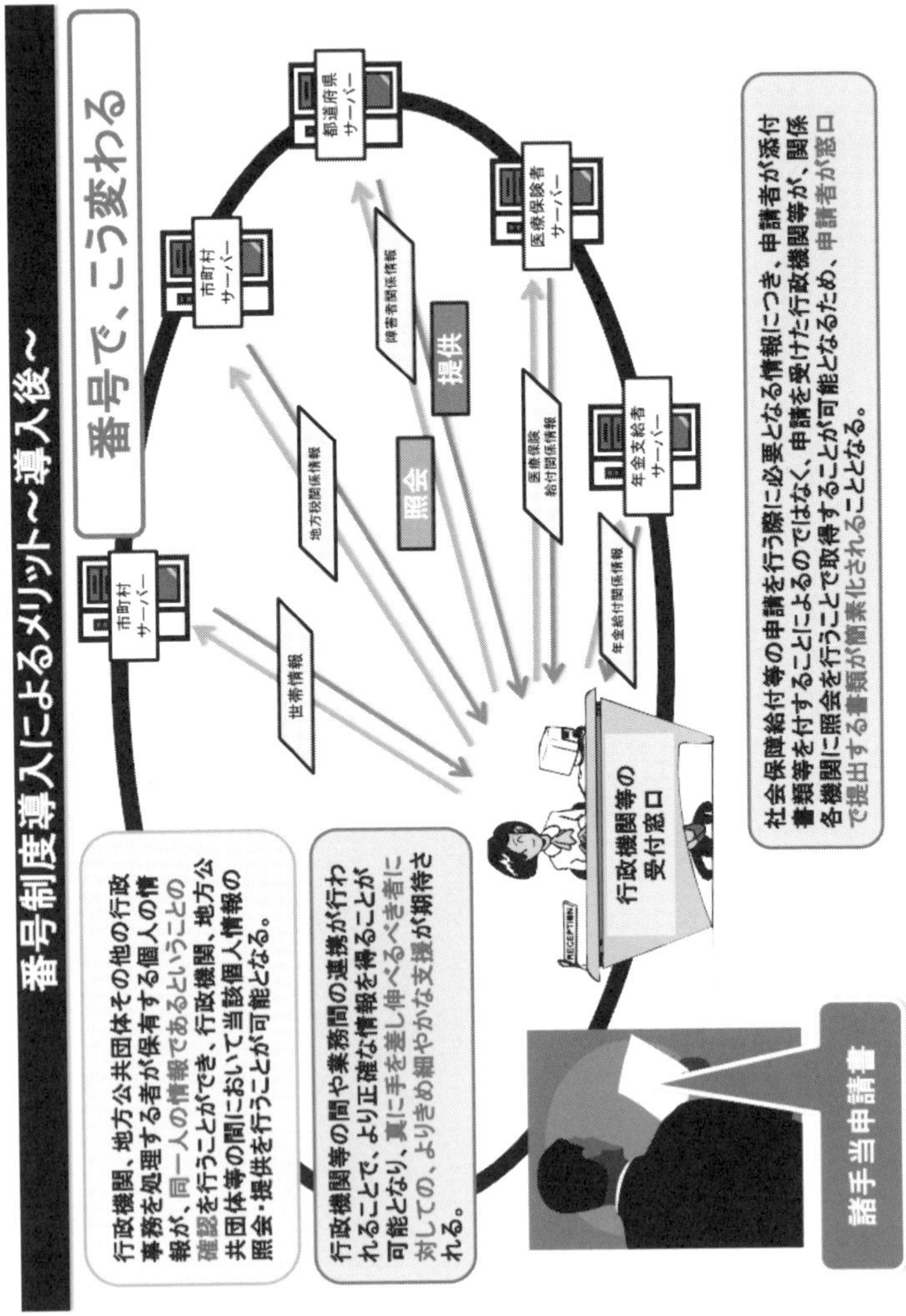

出所：内閣官房「マイナンバー　概要資料」より

【図表６　マイナンバーの利用例】

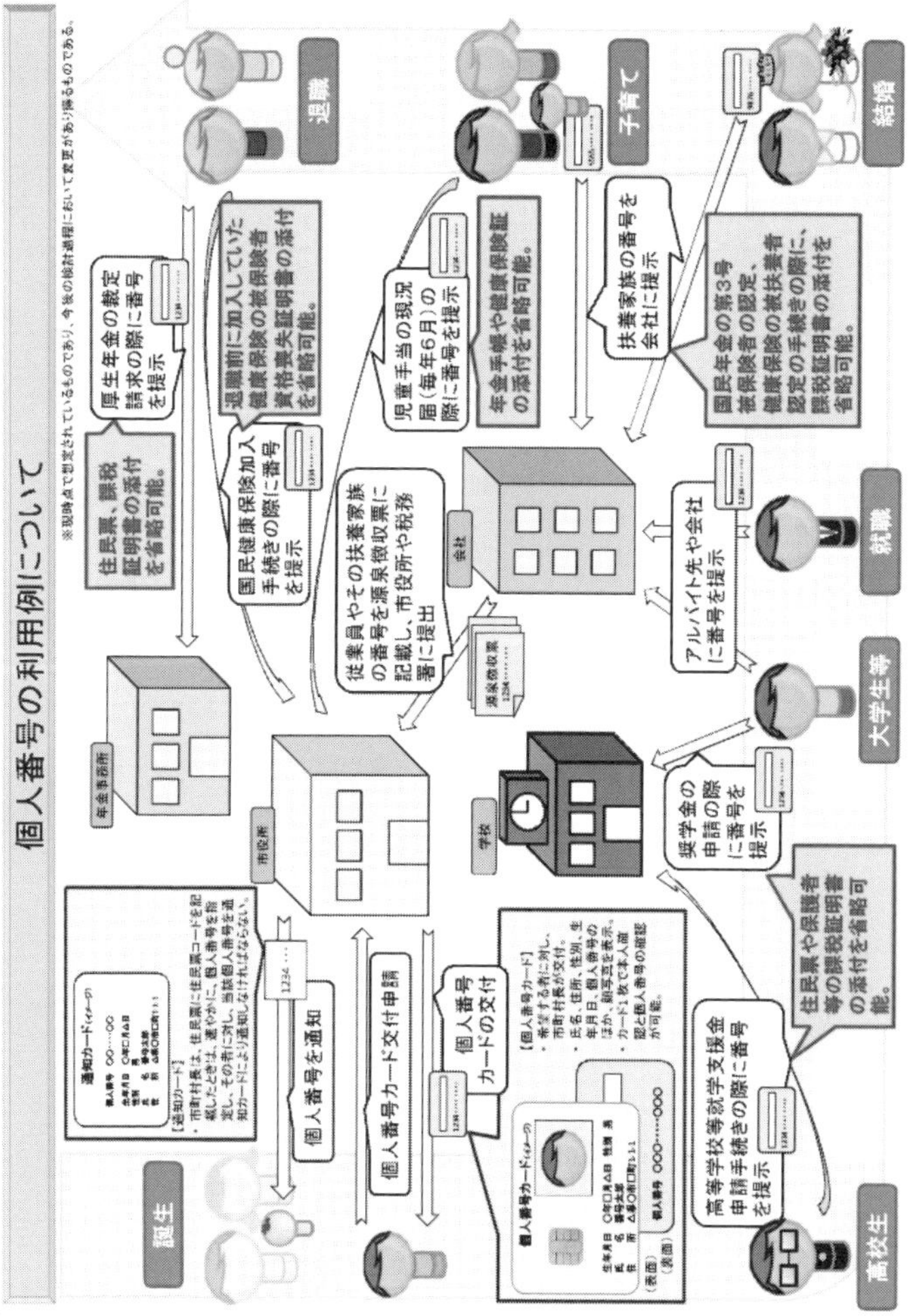

出所：内閣官房「マイナンバー　概要資料」より

【図表７　マイナンバーの民間企業における利用例】

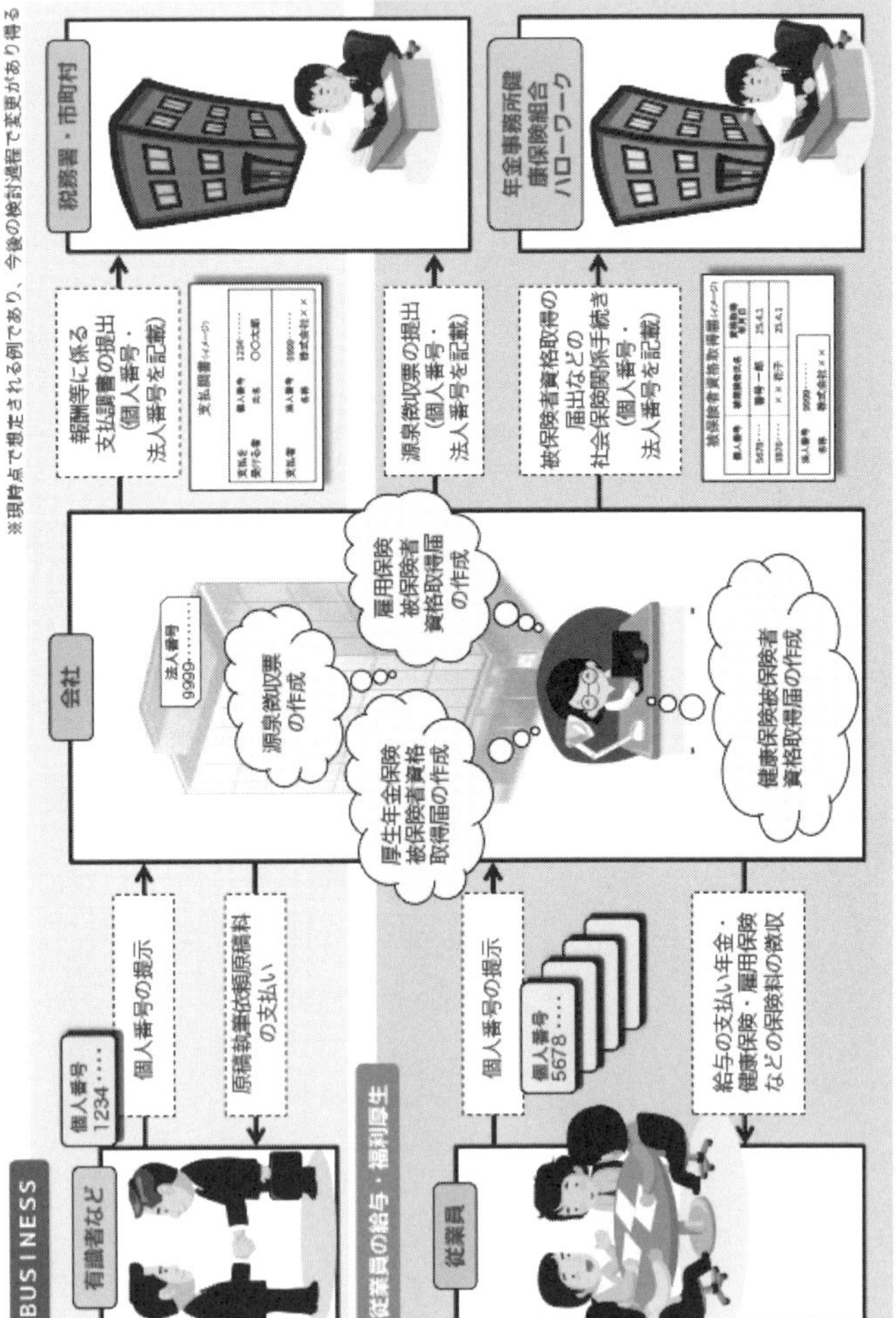

出所：内閣官房「マイナンバー　概要資料」より

パソコンから入手可能」「⑤事務・手続の簡素化、負担軽減」「⑥医療・介護等のサービスの質の向上等」ができるようになります。

今後、金融機関でマイナンバーの提示が求められたり、健康保険証の代わりとして使う、図書館のカードとして利用するなどといった話も出ていますが、マイナンバーの利用法については、とくにセキュリティ面などにおいて注意が必要になってくるでしょう。

Ｑ４　マイナンバーの取扱上の注意点は

⑴　民間企業におけるマイナンバーの管理

民間企業は、従業員や扶養家族のマイナンバーを取得し、給与所得の源泉徴収票や社会保険の被保険者資格取得届などに記載して、行政機関などに提出する必要があります。

マイナンバーは、法律や条例で定められた社会保障、税、災害対策の手続以外で利用することはできませんが、身分証明書としてマイナンバーカードを使い、本人確認を行うことはできます。

しかし、カードの裏面に記載されたマイナンバーの書き写しやコピーを取ることはできません。

つまり、民間企業は、利用目的以外で従業員や顧客などからマイナンバーの提供を受けたり、マイナンバーを含む個人情報を収集・保管をすることはできないということです。

(2) 業務委託をしている場合

マイナンバーを取り扱う業務の全部または一部を委託することはできますが、その場合は、委託状態の確認をする必要が出てきます。委託や再委託を行った場合は、個人情報やマイナンバーが安全に管理されているかどうか定期的に監督をすることが重要になってきます。

(3) 小規模な事業者

小規模な事業者（製造業、その他従業員数20人以下、商業サービス業5人以下）も、マイナンバー法で定められた社会保障や税などの手続で、従業員などのマイナンバーを取り扱うことになりますので、事業者のほうでも個人情報の保護措置をする必要があります。

個人情報保護法では、小規模事業者は対象外となっていますが、マイナンバー制度では、すべての事業者に適用されます。

Q5　個人事業者でマイナンバーを取り扱わなければならないときは

(1) 個人事業者がアルバイトを雇っている場合

個人事業者でも、アルバイトを1人でも雇っている場合は、誰にいくら支払を行ったかの確認のために、雇った人のマイナンバーを源泉徴収票に記載しなければなりません。

本来、労働保険（労災保険、雇用保険）は、法人・個人を問わず、１人でも雇用した場合、必ず加入しなければなりません。社会保険（健康保険、厚生年金保険）は、法人は人数に関わらず必ず加入しなければなりませんが、個人事業の場合、５人以上の労働者がいる場合、必ず加入しなければならないとされています。

今回のマイナンバー制度導入において、個人事業者で従業員を１人でも雇っている場合は、労働保険未加入があぶり出される可能性があります。

⑵　個人事業者が１人で事業を行っている場合

個人事業者として１人で仕事をしている例として、作家を考えてみましょう。

出版社からの支払時には、作家の支払調書にマイナンバーが記載記載され、支払われることになります。

また、株式投資やＦＸで利益を出している人も、証券会社や保険会社が作成する売買取引等の書類にマイナンバーが記載されることになります。

今後、考えられることとして、ブログ等で広告収入を得ている人、副業で確定申告をしていない人も、企業からの支払時にマイナンバーが記載されるため、確定申告をする必要が出てくると考えられます。

Q6　個人情報保護法、住基ネットとの違いは

(1)　個人情報保護法との違いは

マイナンバー法では、個人情報保護法より厳しい制限と罰則が設けられています。

個人情報保護法では、個人の数が過去6か月以内に5、000を超えないと適用除外がありますが、マイナンバー法では適用除外はありません。

個人情報保護法の利用範囲は、企業側で自由に設定でき、利用目的の変更もある程度は認められています。しかし、マイナンバー法では、事前に本人が同意しても企業に対して厳しく制限されています。

個人情報の提供は、個人情報保護法では第三者提供は事前に本人が同意した場合には認められていますが、マイナンバー法では本人が同意しても厳しく制限されています。

また、個人情報のデータベースの作成は、個人情報保護法では制限されていませんが、マイナンバー法では厳しく制限されています。

個人情報保護法では生存者の個人情報が対象範囲ですが、マイナンバー制度では死亡した人のマイナンバーも安全管理措置の範囲になります。

行政の監督権限は、個人情報保護法ではありませんでしたが、マイナンバー法では、立入検査をすることができるようになっています。

それに伴い、マイナンバー制度は、直接罰の規定もでき、企業は従業員や顧客情報の管理を徹底する必要があります。

⑵　住基ネットとの違いは

住基ネットは、居住地を証明する住民基本台帳をネットワーク化したものです。そのため、住基ネットの情報は、住所・氏名・生年月日・性別だけに限られており、その情報を閲覧できるのも役所内だけに限られています。

住基カードは、希望をすれば発行され、住民票の写しが全国どこでも取れるようになり、引っ越しのときの役所への届け出が簡素化されるといった効果がありますが、普及率が低すぎて上手に活用されていないのが実情です。

平成24年7月から外国人が年々増加していること等を背景に、市区町村が日本人と同様に外国人住民に対し基礎的行政サービスを提供する基盤となる制度の必要性が高まり、外国人住民も日本人と同様に、住民基本台帳法の適用対象に加えられることになりました。

マイナンバー制度の導入により、住民基本台帳カード（住基カード）の発行・交付は、平成27年12月末で終了し、それまでに交付された住基カードは有効期限まで有効になります。

住基カードを持っている人がマイナンバーカードを取得した場合は、その時点で住基カードは廃止・回収することになります。

Q7　マイナンバー制度の罰則の内容は

(1)　マイナンバー制度の罰則

個人情報保護法では、保有する個人情報が過去6か月以内に5，000人を超えない小規模事業者であれば適用外ですが、マイナンバー制度では、従業員を雇用しているすべての企業が対象になります。

個人情報保護法では、違反行為があった場合、監督官庁から是正勧告が提示され、それに従わないと罰則が科せられますが、マイナンバー制度では、故意に不正行為を行った場合は、不正行為を行った本人と会社に刑事罰を科すことになっています。

(2)　企業リスク

1度でも情報漏えいをしてしまうと、企業は図表8の罰則以外に、①信用問題、②刑事罰、③行政対応、④訴訟の4つのリスクを抱えることになります。

信用問題が発生すると取引先や顧客との信用を失い、取引停止や顧客からの解約や不買行動など、

【図表８　罰則の強化】

罰則の強化

	行為	法定刑	同種法律における類似規定の罰則			
			行政機関個人情報保護法・独立行政法人等個人情報保護法	個人情報保護法	住民基本台帳法	その他
1	個人番号利用事務等に従事する者が、正当な理由なく、特定個人情報ファイルを提供	4年以下の懲役or 200万以下の罰金or 併科	2年以下の懲役or 100万以下の罰金	—	—	
2	上記の者が、不正な利益を図る目的で、個人番号を提供又は盗用	3年以下の懲役or 150万以下の罰金or 併科	1年以下の懲役or 50万以下の罰金	—	2年以下の懲役or 100万以下の罰金	
3	情報提供ネットワークシステムの事務に従事する者が、情報提供ネットワークシステムに関する秘密の漏えい又は盗用	同上	—	—	同上	
4	人を欺き、人に暴行を加え、人を脅迫し、又は、財物の窃取、施設への侵入等により個人番号を取得	3年以下の懲役or 150万以下の罰金	—	—	—	（割賦販売法・クレジット番号）3年以下の懲役or 50万以下の罰金
5	国の機関の職員等が、職権を濫用して特定個人情報が記録された文書等を収集	2年以下の懲役or 100万以下の罰金	1年以下の懲役or 50万以下の罰金	—	—	
6	委員会の委員等が、職務上知り得た秘密を漏えい又は盗用	同上	—	—	1年以下の懲役or 30万以下の罰金	
7	委員会から命令を受けた者が、委員会の命令に違反	2年以下の懲役or 50万以下の罰金	—	6月以下の懲役or 30万以下の罰金	1年以下の懲役or 50万以下の罰金	
8	委員会による検査等に際し、虚偽の報告、虚偽の資料提出をする、検査拒否等	1年以下の懲役or 50万以下の罰金	—	30万以下の罰金	30万以下の罰金	
9	偽りその他不正の手段により個人番号カードを取得	6月以下の懲役or 50万以下の罰金	—		30万以下の罰金	

出所：内閣官房「マイナンバー　概要資料」より

企業への損害金額は大きくなることが考えられます。

刑事罰は、従業員と会社に罰則が適用され、罰金だけでなく、最高4年の刑罰が科されることもあり得ます。

行政対応は、特定個人情報保護委員会を通じて勧告や指導が委員会を通じて行われます。特定個人情報保護委員会は、内閣府外局の第三者機関であり、個人情報の取扱いに関する監視・監督（立入検査、報告徴求、指導、助言、勧告、命令等の権限の行使）、情報保護評価に関すること（指針の策定や評価書の承認）などを行う機関であり、安全管理措置がなされていない企業は、この委員会を通じて公表され、是正することが求められます。

マイナンバーの情報漏洩による訴訟は、管理していた会社に対する使用者責任や監督責任の追及がなされます。所得に関する情報や健康に関する情報が紐づいている番号だけに、賠償金額は大きくなることが考えられます。

Q8　会社でしないといけないことは

ほぼすべての企業は、マイナンバー制度に対応する必要があります。

情報（マイナンバー・法人番号の管理）を管理する規程、それに関連する規程（就業規則など）の追加・改訂のほか、内部管理体制や業務フロー、リスク、情報漏洩を防ぐ等の見直し・改訂が必要になってきます。

特に、情報システムの改修は、個人情報へのアクセス権の見直し、実際にアクセスできない仕組みになっているか等の内部監査やＩＴ監査の実施などを早急に計画し、実施する必要があります。

⑴　マイナンバーの入手

従業員等からマイナンバーの提供を受け、法定調書に記入し、税務署や市区町村、年金事務所に提出します。

そのために会社は、従業員からマイナンバーを入手する必要があります。

⑵　個人相手の取引

外部の専門家（顧問弁護士、税理士、社会保険労務士等）に対する報酬や個人事業主、個人家主、講演料、非上場の個人株主への配当金支払は、マイナンバーの提供を受けて支払を行い、所定の支払調書に記入し、税務署に提出します。

⑶　金融機関における顧客との取引業務

今後、金融機関は、顧客からマイナンバーの提供を受け、配当金や保険金等の支払を支払調書に記載し、税務署に提出することになっています（詳細はＱ37参照）。

(4)　社内業務フローの見直し

マイナンバー制度の導入を機会に、社内の業務フロー全般を見直す必要が出てきます。見直す項目を次に挙げておきます。

・従業員、扶養家族からマイナンバーを取得
・マイナンバーの確認
・本人確認方法
・採用時の個人番号カード確認、マイナンバー取得
・扶養家族の情報更新
・マイナンバーの記載が必要になる書類・手続の確認、リスト化
・従業員に特定個人情報を取得する際の従業員への利用目的の説明、通知

そのため、健康保険・厚生年金保険被保険者資格取得届や給与支払報告書など、今まで行政機関に提出していた書類はいくつあるのか、どのような部分で変更点があるのか、どのような手順で実施していくのかといった業務フローの見直しは必要になってきます。

(5)　社内システムの見直し

社内システムが一般的なパッケージソフトを利用している場合、パッケージソフトメーカーが保守等で対応することが考えられます。

しかし、パッケージソフトメーカーによっては、古すぎるソフトの場合、保守で対応しない可能性もあるため、現在使用しているソフトについて確認するとともに、パッケージメーカーに問い合わせておいたほうがいいでしょう。

自社で一部開発や全部開発をしている場合は、法定調書の変更が多いため、スケジュールを組んでシステムの改修をする必要が出てくるでしょう（第６章参照）。

社内システムも人事給与システムだけでなく、販売管理システムや会計システムまで及ぶため、システム全体の見直しも必要になってきます。

(6)　社内体制・規程の見直し

今回のマイナンバー制度導入により、情報関連だけでなく、社内規程全般の見直しを行い、改訂する必要が出てくるでしょう。

また、情報漏洩を防ぐためにも内部監査やＩＴ監査、社員向け継続研修も必要になってきます。

(7)　人事・総務関連での対応事項

人事・総務関連業務においては、マイナンバー制度導入時までに次の８つの業務フローの見直しをしておく必要があります。

1．入社

2. 身上異動
3. 休職（休業）・復職
4. 定時決定・随時改定
5. 労災給付申請
6. 社会保険給付申請
7. 給与支払・年末調整
8. 退職

いずれも、業務ごとに、①マイナンバーの本人確認の有無、②法定調書作成時にマイナンバーの記載、③マイナンバー記載された帳票の保管、④情報システム内の情報管理をきちんと行うほか、⑤従業員の退職時はマイナンバーの削除もしくはマスキングが必要かどうかを検討する必要があります。

社会保障分野においてマイナンバー制度導入で帳票様式が変更される主な帳票は、次のとおりです。

・雇用保険被保険者資格取得届
・雇用保険被保険者　資格喪失届・氏名変更届
・雇用保険被保険者　離職票・資格喪失確認通知書
・高齢者雇用継続給付受給資格確認票・（初回）高齢者雇用継続給付支給申請書

【図表９　人事・総務関連で対応すべき項目】

■人事・給与関連業務

(1)　入社・退職
(2)　身上異動
(3)　休職(休業)・復職
(4)　定時決定・随時改定
(5)　労災給付申請
(6)　社会保険給付申請
(7)　給与(賞与)支払、年末調整

全ての業務で
マイナンバー対応が必須

社内書式・提出書類の
見直し

■マイナンバー(法人番号を含む)が関連する帳票(例)

社会保障分野	税分野
被保険者資格取得/喪失届	給与所得の源泉徴収票
被扶養者(異動)届	退職所得の源泉徴収票
被保険者住所/氏名変更届	源泉徴収票
傷病手当金/出産手当金申請書	扶養控除等異動申告書
(育児休業・高年齢)継続給付申請書 等	報酬、料金、契約金及び賞金の支払調書 等

各種書類・手続でマイナンバー対応が必須

法定書式変更の確認・対応
利用しているシステムのメンテナンス

・育児休業給付受給資格確認票・（初回）育児休業給付金支給申請書
・被保険者資格取得届
・被保険者資格喪失届
・被保険者報酬月額算定基礎届
・被保険者報酬月額変更届
・被保険者賞与支払届
・健康保険被扶養者（異動）届・国民年金第3号被保険者関係届

多くの法定帳票の様式変更がなされるため、法定調書の保管方法やシステム対応を見直しておく必要があります（第6章参照）。

Q9　マイナンバーの取得を始めるタイミングは

(1)　マイナンバーの取得を始めるタイミングは

Q2で述べたように、本年（平成27年）10月時点において、日本国内に住民票を有するすべての住民にマイナンバーが記載された「通知カード」が送付されます。これは、外国籍を持つ方であっても同様です。

マイナンバー関係事務は、来年（平成28年）1月よりスタートしますので、本年10月から事務開始の1月までの間にマイナンバーを「事前に」入手することが可能です（当初は、本年1月時点において「事前入手はできない」ルールでしたが、現時点では「事前入手が可能」となるような運用に変更しています）。

したがって、企業担当者としては、各従業員に通知カードが届いたら、すぐにマイナンバーの取得に向けて動くことができるようにしておくことが重要です（企業担当者か問い合わせても、役所は従業員のマイナンバーを教えてくれることはありません）。

⑵　マイナンバーの取得方法

マイナンバーの取得については、従業員にマイナンバーを提示してもらうことになりますが、その際には「本人確認」が必要となります。具体的な方法は、Ｑ10と35で解説しています。

⑶　マイナンバー取得前に会社が構築しておく取得フロー

平成27年10月にマイナンバーが従業員の自宅に届いてから、いかにスムーズにマイナンバー取得を実施することができるかは、事前の取得フロー構築が非常に重要です。

スムーズなマイナンバー取得のフローの例としては、次のようなものが考えられます。

①　8月中：従業員の住民票所在地チェック

1人暮らし等で住民票は実家のままというような従業員をリストアップし、届かないという従業員を未然に防ぎます。

② 9月中：従業員にマイナンバー通知がある旨の連絡

マイナンバーのことを全く知らない従業員もたくさん存在します。そのような方は、「通知カード」が届いても、どこかのDM等と勘違いして、破棄したりする危険があります。

したがって、事前に、「こういうカードが届くので、家族の分も含めて、絶対になくさず、届き次第会社に届出をお願いします」という旨の通知を複数回実施すべきでしょう。

③ 9月中：マイナンバー専用窓口の設置

②の案内とともに、会社の中にマイナンバー専用窓口を設置することをおすすめします。特に、多店舗展開や全国に支店・営業所がある企業は、店長や拠点長への情報接点を最小化し、自社内でマイナンバーに関わる人数を限定的にするようにします。

第2章

健保・厚年・雇保等関係の実務変更点と対応策

Q&A

Q10　健保・厚年・雇保等関係でマイナンバーの本人確認が必要なのは

(1)　マイナンバーの本人確認とは（原則）

マイナンバーを従業員から取得する際、その番号が本当にその従業員のものとして正しいかどうかを確認する必要があります。

それを「マイナンバーの本人確認」といいます。

例えば、通知カードに記載の12桁のマイナンバーを人事にメールで連絡があっただけですと、単純な転記ミスもさることながら、本当にその番号が従業員本人のものとして正しいかの証明はできません（成りすましの防止）。

したがって、本人確認の方法については、番号確認と身元確認を、主に次の3つのうちどれかの方法をとるものと定められています（①番号確認＋②身元（実在）確認）。

i　個人番号カードの提示（①と②を兼ねる。個人番号カードは、通知カードを持って、本人が役所へ行って申請します。Q2参照）

ii　右の①②すべての提示

①：通知カード　②：運転免許証 or パスポート　等

ⅲ　右の①②すべての提示

①：マイナンバーが記載されている住民票の写し等　②：運転免許証 or パスポート　等

(2)　平成27年９月以前の従業員に本人確認を行う場合

平成27年10月以降に採用された従業員について、実際にマイナンバーの取得を実施するのは前述のとおりです。

しかし、既存の従業員（パート、アルバイトも含む平成27年９月までに採用された者）の取得の際に、本人であるかどうかは明確であるため、例外規定が設けられており、身元確認の必要はありません。

具体的には、「雇用契約成立時等に本人であることの確認を行っている雇用関係その他これに準ずる関係にある者であって、知覚すること等により、マイナンバーの提供を行う者が通知カードもしくは令第12条第1項第1号に掲げる書類に記載されている個人識別事項または第1項各号に掲げる措置により確認される個人識別事項により識別される特定の個人と同一の者であることが明らかな場合」等については、前ページの②身元（実在）確認は不要とされています。

つまり、既に雇用している従業員であり、マイナンバー利用事務等実施者が「なりすましや人違い」の可能性がないと判断した場合については、前ページ①の番号確認のみでよいということになります。

(3) マイナンバー確認の手段は

マイナンバーは、対面、郵送、オンライン（メール）で確認することができます。

郵送では、必要書類を各担当者宛に送ります。

オンラインでは、必要書類をＰＤＦなどにして送信します。

Q11 扶養親族のマイナンバーの確認は

(1) 扶養親族のマイナンバーを確認する局面とは

マイナンバーは、当然従業員の家族にも付与されます。その番号については、従業員のものではないので会社としては取り扱う必要がないと思われるかもしれませんが、そんなことはありません。

会社として、従業員の家族のマイナンバーが必要とされる局面は大きく次の２つがあります。

① 扶養控除等申告書

月々の源泉所得税計算時や年末調整時に必要な書類です。源泉所得税を計算する際に、控除対象となる扶養親族のマイナンバーを記載することになります。

② 国民年金第３号被保険者（専業主婦、主夫）の届出

従業員が結婚し、配偶者を扶養に入れる場合に必要な書類です。詳細はＱ21に記載していますが、

こちらの書類にも従業員の配偶者のマイナンバーを記載することになります。

⑵　扶養親族のマイナンバーを確認する方法

扶養親族の場合であっても、マイナンバーを取得するときの基本的な考え方は従業員と同じです。しかし、原則どおり考えると、本人確認は①番号確認＋②身元（実在）確認の双方が必要となるため、扶養親族の場合は大変だと思われる方がほとんどではないでしょうか。

扶養親族のマイナンバー確認については、税金と社会保障の各分野において、「扶養親族のマイナンバーの提供が誰に義務づけられているのか」によって異なります。

給与所得者の扶養控除等申告書については、会社への提出義務者が従業員であるため、「従業員が家族のマイナンバーにつき本人確認を行う」ということになります。したがって、会社としては、扶養親族のマイナンバーにつき本人確認は不要となります。

一方、国民年金の第３号被保険者の届出については、会社への提出義務者が扶養親族である配偶者であるため、「会社が扶養親族（配偶者）のマイナンバーにつき本人確認を行う」ということになります。

ただし、現実的には、現在と同じフローのように、従業員が配偶者の代理人として、配偶者のマイナンバーを会社に提供することになるため、会社は「代理権の確認（委任状等で）＋配偶者のマイナンバー確認（通知カードの写し等）＋代理人の身元確認（雇用関係なので省略）」で対応する

【図表10　本人確認の方法】

1、従業員が会社に提供……使用例：源泉徴収票

従業員 → 会社 → 行政機関等

本人確認（従業員→会社）

個人番号関係事務実施者として行政機関等に提出（会社→行政機関等）

本人確認方法

・個人番号カード

・通知カード＋住民票、運転免許証

・従業員の身元が明確な場合、身元確認の省略ができる

2、配偶者が会社に提供……使用例：国民年金第３号被保険者関係届

扶養親族等 → 従業員 → 会社 → 行政機関等

会社から委託を受け、従業員が配偶者の代理人になる（扶養親族等→従業員）

本人確認（従業員→会社）

個人番号関係事務実施者として行政機関等に提出（会社→行政機関等）

配偶者の本人確認方法

・代理人等の委任状

・個人番号カード、通知カード（配偶者のもの）

・通知カード＋住民票、運転免許証

ことが考えられます。

Q12　契約社員、パートタイマー、派遣社員などのマイナンバー取得の必要は

(1)　雇用関係があるかどうかがポイント

正社員だけでなく、会社によっては契約社員やパートタイマー・アルバイト、嘱託社員、派遣社員など、様々な雇用区分が存在します。

会社としては、どのような雇用区分であればマイナンバーの取得が必要かを理解しておく必要があります。

結論としては、「給与」として支払う雇用区分（＝雇用関係）であれば、名称の如何に関わらずマイナンバーの取得が必要となります。なぜなら、給与で支給する場合、毎年、給与所得の源泉徴収票を発行する必要があり、そこにはマイナンバーの記載が必要となるためです。

したがって、極端な例として、日雇社員が1日だけ働いたような場合であっても、給与所得の源泉徴収票を発行する必要はあるため、マイナンバーの取得が必要となります。

日雇アルバイトなどで、現金を日払いし、税金を控除せず、かつ給与所得の源泉徴収票や市区町村に提出する給与支払報告書を提出しないという取扱いは、マイナンバー制度導入前である現在に

【図表11　支払のケース別マイナンバー取得必要有無】

支払のケース	具体例	マイナンバー取得必要有無
本人に給与として支払う場合	正社員、契約社員、パートタイマー、アルバイト、嘱託社員　等	必要 →源泉徴収票
派遣会社に支払う場合	派遣社員	不要
本人に報酬として支払う場合	請負社員、1人親方、インディペンデントワーカー　等	必要 →支払調書

おいてもできませんので、注意が必要です。

(2)　派遣社員の場合

「派遣社員」といっても、実際はいくつかのパターンが存在しますが、本稿では人材派遣会社から人材派遣契約に基づき派遣される社員を想定しています。

この場合、派遣社員は、自社で雇用している社員ではないため、マイナンバーの取得は不要です（派遣元がすることになります）。

(3)　請負社員や顧問の場合

建設業における1人親方や、業務委託を実施しているような請負社員（法人ではなく1名で実施している場合）、あるいは顧問契約という形で契約されている場合もあります。

その場合は、給与を支払う雇用契約ではありませんが、「業務報酬」は直接本人に支給するため、この場合もマイナンバーの取得が必要となります。

具体的には、「支払調書」を作成する際、マイナンバーの記載が必要となります。

Q13　海外赴任社員のマイナンバー取得は

平成27年10月現在において、日本国籍を有している者であっても、海外赴任等で市区町村に住民異動届を提出し、日本に住所がなく非居住者となっている場合は、マイナンバーは発行されません。つまりは、マイナンバーがない状態となります。

したがって、マイナンバーの取得はできません。

その者が、海外赴任を終え、日本国内に戻り住民登録を実施した際に、初めてマイナンバーが付番されることとなります。

会社としては、その際にマイナンバーを取得する必要が生じます。

現時点において海外赴任している社員にとって、マイナンバーの情報は国内ほど充実していないことから、帰任した際にはマイナンバーが付番される旨を事前に共有しておくことで、帰任時においてスムーズな手続が可能となるでしょう。

・10月５日現在で非居住者↓マイナンバーは付番されない
・10月５日以降帰任した社員↓住民登録後にマイナンバーが付番

海外赴任で住民票がいる場合は、妻、家族からの代理人による本人確認となります。

Q14　日本に来ている外国人労働者のマイナンバーの適用は

日本に来ている外国人労働者は、在留資格に基づき日本への入国が認められており、短期滞在を除けば日本で住民登録を行う必要があります。

住民登録されているということは、マイナンバーについても平成27年10月に付番され、通知カードが送付されることとなります。したがって、日本人社員と同様に会社はマイナンバーの取得を実施する必要があります。

日本語が十分理解できる外国人労働者であれば問題ありませんが、実際にはよく理解されない対象者が存在する可能性もるので、入念な事前説明が必要となります。

また、この制度により、不法就労の防止につながることが期待されています。

例えば、留学生などは、資格外活動許可を得ることで初めて原則として週28時間まで働くことができますが、マイナンバー制度導入により、資格外活動許可がないことが発覚したり、週28時間以上の労働が給与額から発覚したりするということ等が想定できます。

これを機に、外国人労働者を適法に勤務させているかどうかの確認も、会社としては実施することも必要でしょう。

Q15　グループ会社社員のマイナンバーの入手や提供は

【図表12　出向社員のマイナンバーの問題】

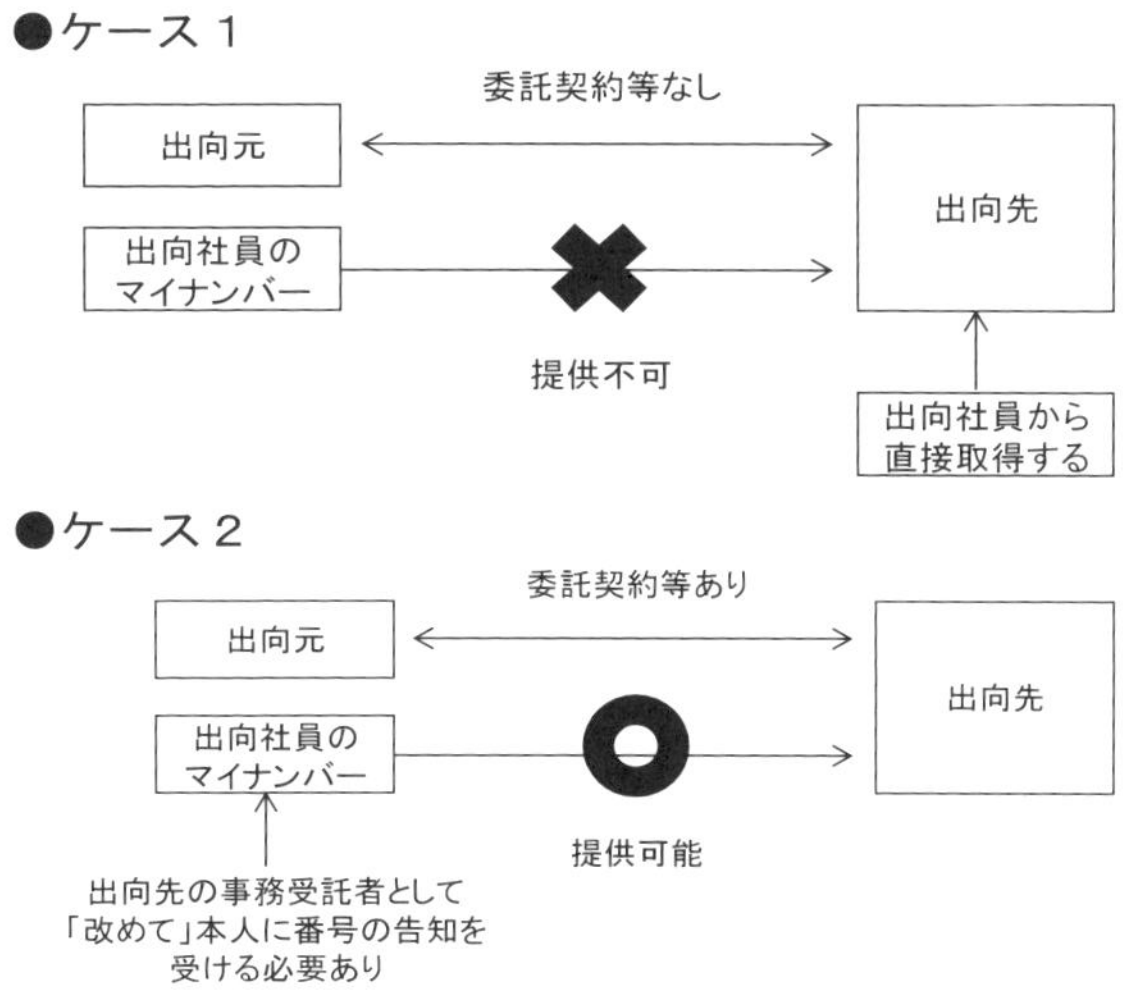

(1)　出向社員を受け入れている場合

グループ会社や親密な取引先等から社員の出向を受ける（送り出す）ケースは、よくあることです。

その際、出向元から出向先にマイナンバーを提供してもよいのかという問題が生じます。

結論としては、「グループ会社なので問題ない」ということはなく、ここにも情報提供においてルールが決められています。

したがって、原則的には、図表12のケース１のように、出向先が直接出向社員からマイナンバーを取得するということになります。

しかし、出向元は既に出向社員のマイナン

バーを保有していますので、当の社員からすれば、出向先でまた本人確認等が行われるのは面倒と考え、そのまま会社間で情報のやり取りをしてほしいと望むことも考えられます。

そのため、出向元と出向先が、「マイナンバー関係事務」について委託契約もしくは代理契約を締結し、その中で行うことは可能です（図表12のケース２）。

ただし、あくまで出向元が保有しているマイナンバーは出向元で利用するためのものであるので、委託契約に基づく出向先への提供は目的外利用とされ、結局は本人から番号の告知を受けることとなります。

(2) ホールディングスやシェアードサービス会社のマイナンバーの取扱い

最近では、ホールディングスと名のつく会社が事業会社を統括し、管理機能を集約しているケースが増えています。また、大手であれば、シェアードサービス会社と呼ばれる管理部門を子会社として設立し、グループ会社の給与計算等を一手に行うケースも多々見受けられます。

このような場合、マイナンバーについては、これまでのように氏名や生年月日等の情報と同じように取り扱うということはできません。

例えば、ホールディングス会社（A社）があり、そこでA社だけでなく、事業子会社であるB社とC社の給与計算業務を行う場合、A社とB社間、A社とC社間でマイナンバー関係事務に関する委託契約を結び行うことで可能となります。業務委託契約書についても見直しが必要となると考えられています。

Ｑ16　マイナンバーの取得を外部に委託することは

(1)　マイナンバーの取得は自社でなくても可能ではあるが…

マイナンバーの取得は、必ずしも自社の社員が行う必要はありません。必要な措置を講ずることで、外部のアウトソーサーに依頼することも可能です。特に、人数が多い会社であれば、検討の価値は大いにあるでしょう（図表13）。

しかし、Ｑ10で記載したように、マイナンバーの取得の際は、本人確認が必要となります。したがって、取得事務を外部にアウトソースした場合も同じように、決められた方法で本人確認を実施する必要が生じます（図表12参照）。

その際のポイントとして、雇用関係があれば、マイナンバー利用事務等実施者が認めた場合は、身元（実在）確認は不要であり、番号確認のみでよいという点が、外部委託でも適用可能かどうかという点です。

外部委託であれば、通常は委託元企業の社員を知っているわけではないので、現時点においては、マイナンバー利用事務実施者次第ではありますが、「成りすまし」の可能性が排除できないため、

【図表 13　自社取得と外部委託取得の違い】

	自社で取得	外部委託で取得
番号確認	必要	委託先が必要
身元（実在）確認	不要（認められた場合）	委託先が必要
利用目的の明示	必要	委託先が必要
委託先との業務委託契約	不要	安全管理対策を求めるものが必要

身元（実在）確認は必要であると考えられています。

そうなると、社員には余計な負荷をかけることになるため、注意が必要となります。

(2) 外部委託を行う場合の注意点

それでもマイナンバーの取得事務を外部委託する場合、「当該委託に係るマイナンバー利用事務等において取り扱う特定個人情報の安全管理が図られるよう、当該委託を受けた者に対する必要かつ適切な監督を行わなければならない」という法第11条の定めに基づき実施する義務を負います。

具体的には、業務委託契約において、マイナンバーを含む特定個人情報に対して、必要な安全管理対策が取られていることを条件とし、かつ定期的な監査報告や事業所への立入調査についても可能となるような項目を盛り込むことが考えられます。

さらに、外部委託先は委託元社員のマイナンバーの取得にあたって、どのような事務で利用されるのか、委託元社員に対して利用目的を明示する必要がある点も注目されます。

Q17　募集や採用でのマイナンバーの取扱いは

⑴　募集時におけるマイナンバーの取扱い

会社は、労働者を雇用するために、ホームページでの直接募集や、インターネットや紙媒体への求人広告掲載による方法、人材紹介会社を活用する方法、知り合いからの縁故による方法等、様々な形態の募集活動を実施しています。

これらについて、今回のマイナンバー制度の導入によって、現時点では特段影響を受ける点はありません。ただし、例えば、ハローワークへ求人を募集する場合、その求人には法人番号（法人に与えられる13桁のマイナンバー）の記載が必要となるでしょう。

⑵　採用時におけるマイナンバーの取扱い

募集活動の結果、採用する人材が決定され、実際に採用を行う場合、そこにはマイナンバーの取扱いが発生することになります。

社員を採用した際に、労働条件通知書の交付あるいは労働契約書の締結、就業規則の提示等を行いますが、これらの中にマイナンバーの「利用目的の通知」を本人に実施できるようにしておく必要があります。

(3) 採用時に通知する「利用目的」とは

採用時において本人に必要となる利用目的の通知の具体例としては、①源泉徴収事務、②社会保険事務の2つとなります。

その際に、どこまで具体的に書く必要があるのか（＝包括的に記載することで問題ないか）という点に、実務担当者としては悩まれることが想定されます。

実際に、利用目的を後から追加して利用することはできないことを考えると、最初が肝心となるためです。

この点については、内閣官房のＱ＆Ａにおいて回答がなされており、具体的には「従業員からマイナンバーを取得する際に、源泉徴収や健康保険の手続など、マイナンバーを利用する事務・利用目的を包括的に明示して取得し、利用することは差し支えありません」とされています。

(4) 採用時に実際に入手する場合の注意点

採用時に、これまでは年金手帳や雇用保険被保険者証、扶養控除申告書等の書類の提出を求めていたと思いますが、これに平成27年10月以降、「マイナンバー」が加わります。ここでは「新しく採用する社員」ですので、原則に従い、番号確認と身元（実在）確認の双方が必要となります。

Q18　退職や死亡した社員のマイナンバーの取扱いは

(1)　退職時や死亡時のマイナンバーの取扱い

退職時（死亡時を含む）についてもマイナンバーの取扱いが発生します。

具体的には、退職時の手続として、

社会保険関係であれば、①雇用保険の被保険者資格喪失手続、②社会保険の被保険者資格喪失手続があります。

税金関係では、①源泉徴収票発行手続、②住民税異動届の手続、③退職所得の受給に関する申告書に関する手続があります。

その他としては、確定給付年金や確定拠出年金等の手続も想定されます。

これらの手続については、平成28年1月以降、段階的ではありますが、用紙にマイナンバーの記載が必要となります。

書類上においては、その点が変更となります。

●社会保険関係の用紙の変更予定

・雇用保険被保険者資格喪失届（平成28年1月以降）

・健康保険・厚生年金被保険者資格喪失届（平成29年1月以降）
・企業年金関係の資格喪失届（未定）
●税金関係の用紙の変更予定
・源泉徴収票／住民税異動届／退職所得の受給に関する申告書（平成28年1月以降）

(2) マイナンバーの破棄が非常に重要

マイナンバーについては、それを用いて事務を処理する必要がなくなった場合、廃棄しなければならないと決められています。

従業員が退職した場合は、退職時に伴う手続が終了した段階で、将来それを用いて事務を処理する必要はなくなります。したがって、退職した後は、マイナンバーの破棄を実施することが求められます。

いつまでに廃棄をすればよいかについては、ガイドラインで「できるだけ速やかに」と記載がされていますが、明確には決められていません。ただし、法令で別途定められた期限があれば、その書類については当該期限に従うこととなります。

実務上は、例えば「退職者については退職日の○か月後」であるとか、「その年の年度末」などというように社内でルールを決めることとなります。

仮に退職日の後に賞与を支払うことが想定されるような会社においては、退職処理と同時にマイナンバーを破棄してしまうと実務に影響が生じるため、自社の事情に合わせて破棄のルールを決定する必要があります。

また、用紙で保管している場合、マイナンバーのみをマスキングする（黒く塗りつぶす）方法での破棄も認められています。

Ｑ19　雇用保険や社会保険の手続への影響は

(1)　マイナンバー導入により様式が変更される

マイナンバー制度導入により、雇用保険や社会保険の各種申請書にマイナンバーを記載する欄が追加されることとなり、その点につき様式の変更が発生します。

既に具体的なサンプルが発表されている様式（「第6章　付録・行政機関の手続関連資料」参照）もあるため、事前に確認を行ってください。

・雇用保険の場合

雇用保険の分野では、マイナンバー制度導入と同時に適用されるため、平成28年1月より様式が変更されます。具体的に平成28年1月入社の方や、同月に退職される方がいる場合、その被保険者資格取得届・資格喪失届について、マイナンバーの記載が必要となります。

・社会保険の場合

社会保険（健康保険・厚生年金保険）の場合は、さらに1年後の平成29年1月より適用されることとなっています。したがって、様式が変更されるのも平成29年1月以降になります。

健康保険においては、本人が直接申請する書類もあるため、手続のフローについても変更が発生することが想定されています。

Q20 本人が申請する手続の取扱いは

(1) これまでどおり手続をすると法令違反になる可能性がある

雇用保険や健康保険には、大別して、資格取得届や喪失届のようにハローワークや年金事務所・健康保険組合に「会社」が提出する書類と、「従業員」が提出する書類との2種類があります。

現在は、実務上、従業員本人が提出する書類であっても、いったん会社に提出し、会社がまとめて関係省庁に届出を行うという方法が一般的となっており、これで問題が発生することはないようです。

しかし、今回のマイナンバー制度の導入に際し、従業員が提出する書類について、これまでどおり会社を経由して関係省庁に提出をすると法令違反となる可能性があります。

【図表 14　本人が提出する手続の扱い】

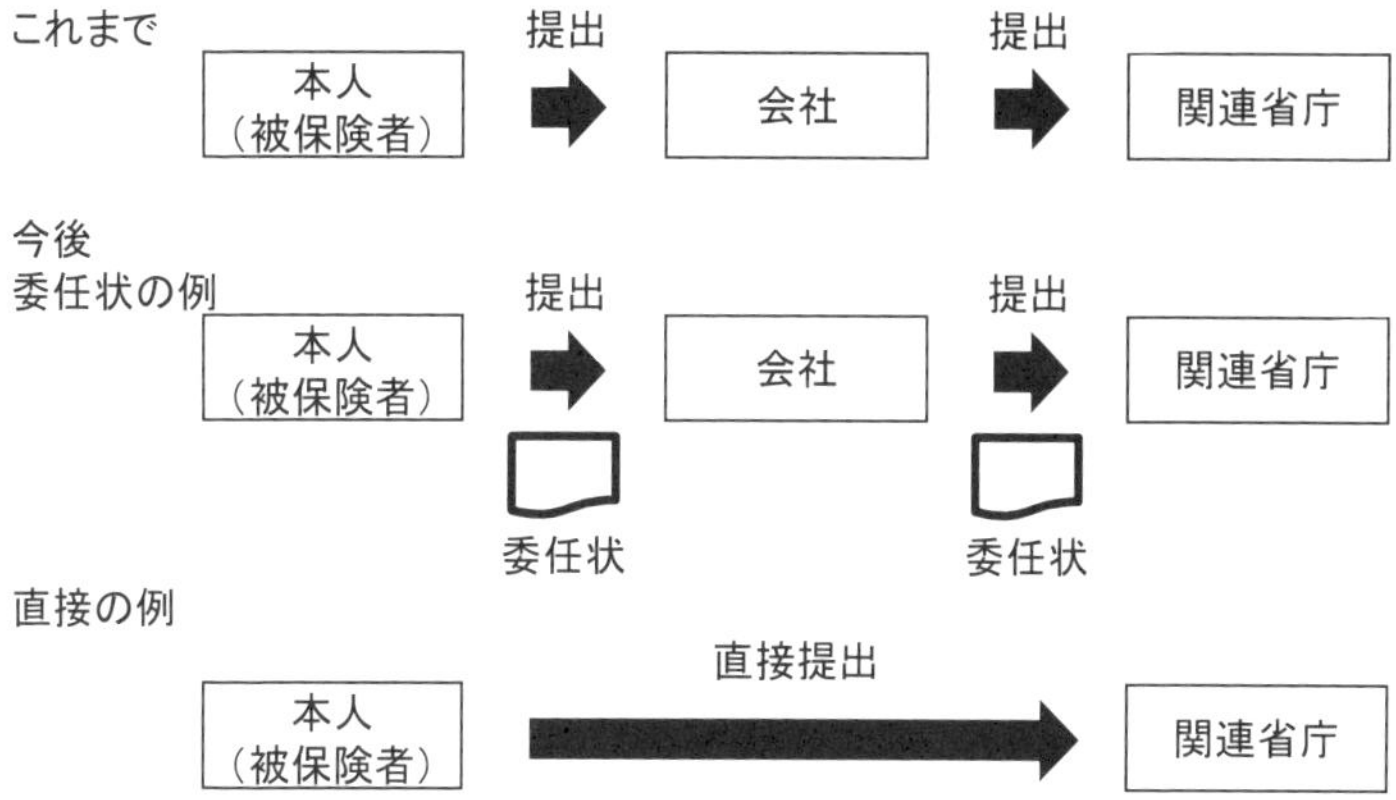

具体的には、会社としては、本来本人が提出すべきマイナンバーが記載された書類を預かる時点で、目的外取得とされることが想定されます。

したがって、今後は、図表14のように、会社が本人から委任状を取得し、代理人として届出をするか、あるいは本人が直接提出する等の措置が必要となります。この点については、その他の方法を含め、より詳細な手続方法が今後明らかにされる予定となっています。

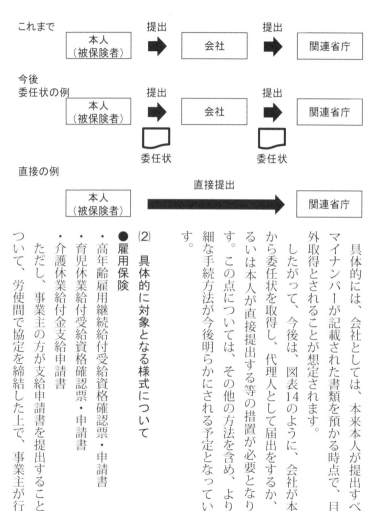

(2)　具体的に対象となる様式について

●雇用保険

・高年齢雇用継続給付受給資格確認票・申請書
・育児休業給付受給資格確認票・申請書
・介護休業給付金支給申請書

ただし、事業主の方が支給申請書を提出することについて、労使間で協定を締結した上で、事業主が行うのであれば、これまでどおりで変更はありません。

●健康保険

・傷病手当金支給申請書
・限度額適用認定申請書
・高額療養費支給申請書
・出産手当金申請書
・療養費支給申請書　等

Q21　国民年金の第3号被保険者の手続は

(1)　国民年金の第３号被保険者の手続とは

国民年金の第３号被保険者とは、厚生年金や共済組合に加入している第2号被保険者に扶養されている20歳以上60歳未満の配偶者（年収が１３０万円未満の人）であり、いわゆる専業主婦・夫（あるいは扶養の範囲内で働いている主婦・夫）等をいいます。

第３号被保険者に関する届は、健康保険の被扶養者異動届の３枚目に複写式となっていることからも（協会けんぽの場合）、主に配偶者を健康保険の扶養に入れる、もしくは扶養から外す場合に連動して届出を行う書類となります。

(2) 第３号被保険者の資格取得の例で見ると

第３号被保険者の資格取得の例で考えてみましょう。従業員が結婚し、その配偶者が社員に扶養されることとなった場合、健康保険の扶養異動届とともに、「国民年金第３号被保険者資格取得届」を会社が年金事務所に提出することになります（健康保険組合の場合は組合を経由）。

ただし、当該届は、従業員ではなく、その配偶者である第３号被保険者自身が会社に届出を行う形式になっている点に注意が必要となります。

(3) マイナンバー制度導入で手続が変わるのはどれか

マイナンバー制度導入により、第３号被保険者の届にも第３号被保険者（以下、従業員の配偶者）自身のマイナンバーの記入が必要となります。

したがって、従業員の配偶者のマイナンバーを入手しなければなりませんが、先に述べたとおり、当該書類は「従業員の配偶者」が「会社」に届け出る書類となっているため、会社は「本人確認」をする必要が生じ、これまでとは流れが異なることとなります。

現実的には、従業員が配偶者の代理人となり、マイナンバーの提供を受ける際に代理人に対する本人確認を行う必要がでてきます。あるいは、配偶者からマイナンバーの提供を受けて本人確認を行う事務を会社が従業員に委託する方法も考えられます。

年末調整で利用する扶養控除等申告書についても、従業員の配偶者を含めた扶養親族のマイナンバーの取得が必要となりますが、この書類は「従業員」が「会社」に提出する書類であるため、扶養親族のマイナンバーの本人確認は不要となり、第3号被保険者とは似て非なる手続となるので注意が必要です。

・国民年金第3号被保険者の届出→扶養親族のマイナンバーの本人確認が必要
・扶養控除等申告書の提出→扶養親族のマイナンバーの本人確認は不要

Q22 健康保険組合や厚生年金基金等へのマイナンバーの通知は

健康保険組合や厚生年金基金の位置づけ

健康保険組合（全国健康保険協会を含む）や（存続）厚生年金基金は、マイナンバー法の規定によりマイナンバー利用事務実施者として規定されており、定められた利用範囲の中で業務としてマイナンバーを利用することができます。

同じように、確定給付企業年金法に規定する事業主等または企業年金連合会、確定拠出年金法に規定する事業主についても、マイナンバー利用事務実施者として規定されています。

【図表 15　マイナンバー利用事務と情報連携のイメージ】

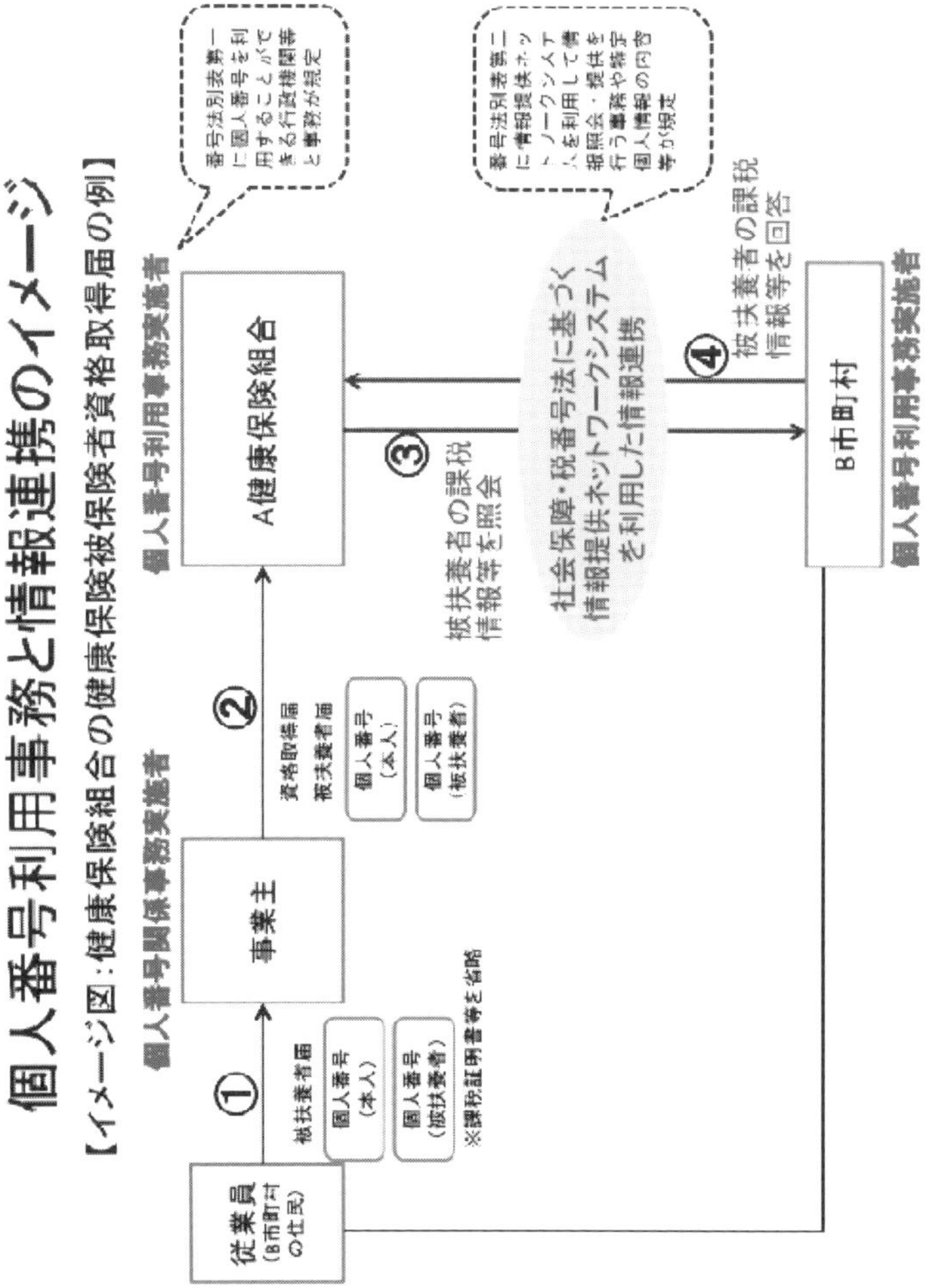

出所：厚生労働省「社会保障・税番号制度の導入に向けて」より

特に、民間企業が独自で設立している健康保険組合や企業年金組合については、その部分については「マイナンバー利用事務実施者」に該当しますので、注意が必要です。

会社（マイナンバー関係事務実施者）については、マイナンバー関係事務を処理するために必要な限度で特定個人情報（マイナンバーを含んだ情報）を提供することは認められていますし、個人（その代理人を含む）であっても、マイナンバー利用事務実施者に対して、当該本人のマイナンバーを含む特定個人情報を提供することも認められています。

なお、マイナンバー利用事務実施者は、効率化の観点から、情報提供ネットワークから必要な範囲でマイナンバーを取得することが認められています。

マイナンバー利用事務と情報連携のイメージは、図表15のようになります。

Q23 シェアードサービスを展開している場合の注意点は

(1) シェアードサービスとは

シェアードサービスとは、主に企業グループ各社で分散して行われている業務を本社もしくは子会社に集中させて処理する方法のことです。その中で専門の子会社で処理させる場合、シェアードサービスセンター（以下、ＳＳＣといいます。図表16参照）と呼びます。

【図表16　シェアードサービスセンターのイメージ】

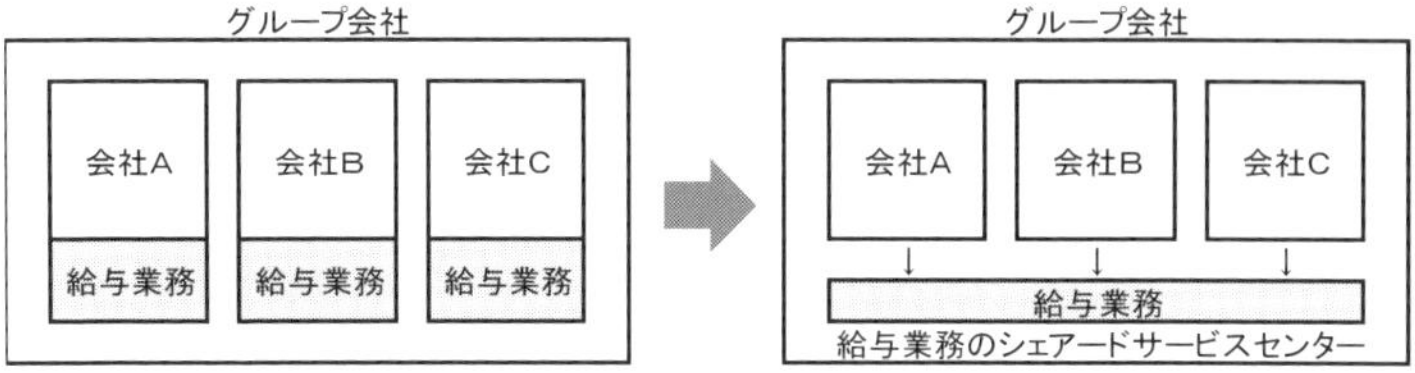

ＳＳＣにおいて、特に間接業務（経理・人事・総務）を集中させて行うことが多く、今回のマイナンバーの影響を大きく受けることが想定されます。

⑵　シェアードサービスの場合のマイナンバーの取扱いについて

ＳＳＣが別会社であり、業務内容がグループ会社の社会保険・給与計算事務であると仮定します。その場合、グループ会社といえども、違う法人の従業員のマイナンバーを取り扱うこととなります。

具体的には、図表16のＡ社からＣ社の従業員に関するマイナンバーについて、別法人であるＳＳＣが業務をこれまでどおり実施するためには、取得せざるを得ないということになります。

その場合は、Ａ～Ｃ各社とＳＳＣが業務委託契約を締結していると思いますが、当該契約にマイナンバーに関する内容を追加することで、Ａ～Ｃ社従業員のマイナンバー業務をＳＳＣで取り扱うことが可能となります。

委託契約の内容としては、ガイドラインにより、次の内容が必要とされています。

・秘密保持義務
・事業所内からの特定個人情報の持出しの禁止

・特定個人情報の目的外利用の禁止
・再委託における条件
・漏えい事案等が発生した場合の委託先の責任
・委託契約終了後の特定個人情報の返却又は廃棄
・従業者に対する監督・教育
・契約内容の遵守状況について報告を求める規定　等

Q24　社会保険労務士等への業務委託の場合の変更点は

(1)　社会保険労務士等へ委託している場合

会社によっては、社会保険全般の書類作成から提出の代行、給与計算業務を社会保険労務士に委託しているケースも多く存在します。

その場合、当然マイナンバーの取扱いについても影響を受けることになります。給与計算業務をアウトソーシング会社に委託している場合も同じです。

基本的な考え方としては、前述のＳＳＣと同じように、マイナンバーを利用する事務を委託することは可能ですので、業務委託契約の変更を実施することにより、マイナンバー制度適用後も対応可能となります。

なお、源泉徴収票などの法定調書の作成業務については、社会保険労務士がそれを行うことは税理士法違反となりますので、当該業務は税理士等への委託となり、先と同様のことが求められます。

業務の流れとしては、例えば従業員が入社した場合であれば、雇用保険や社会保険の資格取得届にマイナンバーが必要となるため、会社で本人確認を行った上で、当該マイナンバーを社会保険労務士等に提供する形になります。

⑵　セキュリティ対応しているかのチェックが不可欠

マイナンバーを利用する事務の委託先に対しては、「必要かつ適切な監督」を行うことが求められています。そのレベルとしては、委託者自らが果たすべき安全管理措置と「同等」の措置が講じられなければなりません。

この、「必要かつ適切な監督」には、「委託先の適切な選定」が含まれており、そもそも委託先である社会保険労務士事務所等において、マイナンバー法に基づく安全管理措置と同等の措置が講じられるか否かについて「あらかじめ確認しなければならない」とガイドラインに明記されています。

安全管理措置の確認としては、セキュリティガイドラインの確認や、特定個人情報を取り扱う管理区域の設定、特定個人情報ファイルを取り扱うシステムへのアクセス制限等を実際に現地調査という形で実施することが考えられます。

また、ＳＲＰ認証制度という全国社会保険労務士労務士連合会が独自に導入している個人情報保護制度適用の有無も、委託先選定における判断材料になると考えられます。

顧問契約を締結している場合、業務委託契約書（顧問契約書）は自動更新のままとなっている場合もあります。今回のマイナンバー制度施行に伴い、改めて業務委託契約書の更新（あるいは覚書の追加）による対応は不可欠です

Q25　マイナンバー制度導入に伴う就業規則等の変更は

(1)　利用目的の特定

マイナンバーを含む特定個人情報については、個人情報の一部となり、原則として個人情報保護法が適用されます。個人情報保護法では、個人情報取扱事業者となる企業は、個人情報を取り扱うにあたって、その利用目的をできる限り特定しなければならないとされています。

マイナンバーを取り扱うにあたっても、これらの利用目的をあらかじめ特定する必要があります。

マイナンバーに関わる法律に規定された前述のような個人情報の保護措置は、すべての企業で適用されます。個人情報保護法が適用されなかった小規模事業者にも適用されますので要注意です。

なお、個人情報保護法が適用されない小規模事業者とは、次のような業者です。

・事業の用に供する個人情報データベース等を構成する個人情報によって特定される個人の数の合計が、過去６か月以内のいずれの日においても5，０００を超えない事業者です。

⑵　利用目的の通知

特定されたマイナンバーの利用目的については、マイナンバーを取得する際にあたって、あらかじめ従業員本人に対して通知をする必要があります（個人情報保護法第18条第２項）。

通知方法としては、社内ＬＡＮや電子メール等により明示を行う方法もありますが、当該利用目的を「就業規則」に規定・周知することで、明示を行うことも可能です。

⑶　就業規則の変更等

①　就業規則の変更

就業規則の変更にあたって、特定個人情報の取扱方針や取扱規程を定め、情報流出時における罰則規定を追加するなどの変更が必要となってきます。

マイナンバーの利用目的をあらかじめ就業規則で明示するにあたっては、従業員に対する就業規則の周知が必要となります。

②　就業規則の周知例

周知方法としては、次のような方法があります。

・常時各事業場の見やすい場所へ掲示、または備え付ける。
・書面を従業員に交付する。
・従業員が常時確認できる社内イントラネット等に保存する。

なお、変更された就業規則については、常時10名以上の労働者を使用する事業場の場合、労働者の過半数で組織する労働組合（過半数労働組合がない場合は、労働者の過半数代表者）の意見書を添付の上、各事業場を管轄する労働基準監督署に届け出をする義務が生じるため、注意が必要です。

Q26　店長や営業所長による採用者のマイナンバーの取得は

(1)　店舗や営業所でのマイナンバーの取得

正社員や契約社員やアルバイト・パートタイマーといった雇用形態、雇用期間に関わらず、マイナンバーの取得、本人確認は必要となります。

これまで、本社の人事・総務部門と場所が離れた店舗や営業所において、新規採用者に関わる入社書類を提出させ、その後本社の人事・総務部門に送付・連絡等を行っていた場合に、マイナンバーについても、その入社書類の提出と合わせて、店舗や営業所にて取得、本人確認を行うことは可能です。

ただし、各店舗・営業所でのマイナンバーの取得、本人確認を行う際には、店舗・営業所の誰もが取得・確認を行うことによって、目的外利用の禁止や安全管理措置の徹底等、法律で定める保護措置に抵触するおそれのないよう、マイナンバーの取得、本人確認を行う担当者を定め、責任の所在を明らかにする必要があります。

各店舗や営業所において、実際の採用や人事労務管理等を担う店長や営業所長といった役職者のみが、マイナンバーの取得、本人確認を行い、本社の人事・総務部門に送付・連絡することが実務上の対応として考えられます。

⑵　マイナンバーの取得、本人確認時の注意点

店長や営業所長が採用者等従業員から直接マイナンバーの取得、本人確認を行うにあたっては、対応状況の証拠として、次のような事項に関し、その記録を残すことが実務上の対応として考えられます。

●残すべき記録内容

・取得、本人確認の日付
・場所（店舗・営業所名）
・担当者の氏名（店長・営業所長）
・対象となる従業員の氏名

・確認方法（書類の種類等）
・本社人事・総務部門への送付日

⑶　マイナンバー取得後の管理

本社人事・総務部門に送付・連絡した以降のマイナンバーに関わる個人情報や確認書類については、店舗・営業所においては保管せず、本社人事・総務部門にて一元管理することにより、保護措置を徹底する方法が考えられます。

なお、当該運用の実施にあたっては、店長や営業所長に対する、マイナンバーの取得、本人確認ルール、管理方法の徹底について、事前の説明や教育が必要となります。

Q27　年金の裁定請求時のマイナンバーの記載は

⑴　年金におけるマイナンバーの利用範囲

年金分野に関わるマイナンバーの利用範囲は、次のとおりです。
・国民年金法、厚生年金保険法による年金である給付の支給に関する事務
・国家公務員共済組合法、地方公務員等共済組合法、私立学校教職員共済法による年金である給付

【図表 17　裁定請求の変更】

	現在	平成 29 年 1 月 1 日以降
裁定請求	基礎年金番号を記載	マイナンバーを記載
添付資料	住民票、所得証明書を添付	添付省略が可能の予定（ネットワーク接続開始時より）

の支給に関する事務

・確定給付企業年金法、確定拠出年金法による給付の支給に関する事務

・独立行政法人農業者年金基金法による農業者年金事業の給付の支給に関する事務　等

年金における基礎年金番号については、マイナンバーとの紐づけが行われることになります。これにより、現在、基礎年金番号の記載が必要となる手続については、平成29年1月1日の提出分より、原則としてマイナンバーを記載して手続を行うことになります。

なお、年金制度の対象者には、海外居住者や短期在留外国人等マイナンバーの対象外となる者が含まれることから、これまでどおり、年金制度対象者すべてに基礎年金番号が付番されます。

(2)　マイナンバーによって変わる裁定請求

年金（老齢・障害・障害手当金・遺族・老齢福祉・特別障害給付金）の裁定請求の際には、前述のとおり、原則としてマイナンバーの記載が必要となります。

現在、年金の裁定請求時に添付書類として必要となる、「住民票」や「所

得証明書」について、今後運用される「情報提供ネットワークシステム」を通じて、行政機関が当該必要となる情報を取得することによって、請求時の添付は省略されます。

また、老齢厚生年金の請求時に記載している「雇用保険被保険者番号」や、障害手当金、20歳前障害基礎年金、特別障害給付金の請求時に記載している、「労災保険等の他制度の受給状況」についても、記載が不要となります。

なお、未支給年金の請求時においては、当該対象となる死亡者のマイナンバーを記載して請求することになり、現在添付している「住民票」についても、情報提供ネットワークシステムを通じて、行政機関が当該必要となる情報を取得することによって、請求時の添付は省略されます。

Q28 マイナンバーの提出を拒む社員の取扱いは

(1) 従業員からのマイナンバーの提出は義務づけられていない

マイナンバー法において、従業員によるマイナンバーの提出は義務づけられていません。しかし、マイナンバーの利用範囲である税金や社会保障関係の手続書類においては、マイナンバーの記載が原則として義務づけられています。

仮に、マイナンバーの記載のない手続書類を作成し、行政機関に届出をした場合には、手続の受理に支障が生じる可能性があります。

(2) 従業員提供を受けられないときは

社会保障や税金の決められた書類にマイナンバーを記載することは、法令で定められた義務であることを周知し、提供を求めてください。それでも提供を受けられないときは、書類の提出先の機関の指示に従ってください。

すなわち、従業員への取得を促した結果、マイナンバーの提供を受けられないときは、書類の提出先となる行政機関への確認が必要となります。

(3) マイナンバーの提出を拒む社員への懲戒処分

マイナンバー法により、マイナンバーの提出義務は従業員に課せられていない点からも、マイナンバーの提出を拒む従業員に対して、通常、懲戒処分を行うことは難しいものと考えられます。

一方で、マイナンバーに関する利用目的について、就業規則へ規定する場合等、マイナンバーの提出を求めることについては、就業規則上、明示する方法も考えられます。

なお、全従業員に対しては、マイナンバーを提出しないことによる税金や社会保障関係の影響を事前に説明する等、その取扱いや提出について、十分に理解してもらうよう働きかけることも、企業の対応としては必要となります。

(4) 社会保険関係手続書類の様式について

厚生労働省により示されている、マイナンバーに対応した健康保険・厚生年金保険の手続書類の様式案においては、実際の手続書類において、マイナンバーを記載できない場合については、その記載欄に基礎年金番号、並びに別途住所を記載する旨が明示されています。

制度運用開始後において、マイナンバーの記載の有無については、各行政機関の判断によって対応が異なるケースもあるため、注意する必要があります。

Q29 個人番号カードの記載内容に変更があったときは

(1) 社員の住所変更

転居等に伴い住所が変更する場合には、市区町村に転入届を出す際に、通知カードまたは個人番号カードを提出し、個人番号カードの記載内容（住所等）を変更する必要があります。また、それ以外の場合でも、通知カードや個人番号カードの記載内容に変更があったときは、14日以内に市区町村に届け出て、個人番号カードの記載内容を変更する必要があります。

ただし、住所変更の場合であっても、マイナンバーの番号自体に変更はなく、原則として生涯同じ番号を使用することになります（国外に転居し、その後国内に戻った場合も同様）。

番号の変更が行われるのは、マイナンバーが漏えいし、不正に用いられるおそれがあると認められる場合に限り、本人の申請または市区町村長の職権により行われるものとなります。

このように住所変更におけるマイナンバーの変更はないため、企業においては、社員の住所変更に伴い変更された住所確認と合わせて、マイナンバーを新たに取得する必要はありません。

なお、年金にかかわる住所変更については、届出を行うことなく、行政機関における情報システムにより自動的に行われることになります。

(2) 扶養家族の家族構成の変更

従業員にお子さんが生まれたり、、扶養家族が結婚したりなど、扶養家族に関する家族構成が変更となる場合には、税金や社会保障の手続に関して、新たにマイナンバーを取得・破棄する必要があります。

扶養家族の本人確認について、扶養控除等申告書の提出に関しては、従業員が企業に対して直接、その扶養家族のマイナンバーの提供を行うこととされているため、事業主が扶養家族の本人確認を行う必要はなく、従業員自体がマイナンバー関係事務実施者として、その扶養家族の本人確認を行う必要があります。

ただし、配偶者に関わる国民年金第3号被保険者（専業主婦・夫）に関しては、従業員の配偶者（第3号被保険者）本人が事業主に対して届出を行う必要があるので、企業が当該配偶者の本人確認を行う必要があります。

(3) 扶養家族以外の家族構成の変更

企業が従業員の同意のもと、扶養家族以外に関する家族構成の情報についても管理していた場合、当該扶養家族以外の家族構成の変更情報と合わせてそのマイナンバーを取得することは、仮に従業員本人の同意があった場合でも、法に抵触するおそれがあるため、注意が必要です。

Q30 会社分割や合併でのマイナンバー取扱いの注意点は

(1) 合併におけるマイナンバーの取扱い

マイナンバー法は、「特定個人情報の取扱いの全部・一部の委託または合併その他の事由による事業の承継に伴い特定個人情報を提供するとき」は特定個人情報の提供を認めています。すなわち、合併による事業の承継については、事業の承継先にマイナンバーを含む特定個人情報を提供することができることになります。

したがって、消滅会社が、新設合併や吸収合併によりそれぞれ新設会社や存続会社に対してマイナンバーを含む特定個人情報を提供することは可能であり、新設会社や存続会社については、新たにマイナンバーの取得や本人確認を行う必要はありません。

⑵　会社分割におけるマイナンバーの取扱い

会社分割におけるマイナンバーの取扱いについては、会社分割に伴う事業の承継についても、合併その他の事業の承継にあたるものとされています。

これにより、会社分割において、分割会社は承継会社に対して、その承継される従業員に関するマイナンバーを含む特定個人情報を提供することは可能であり、承継会社については、新たにマイナンバーの取得や本人確認を行う必要はありません。

⑶　会社分割や合併におけるマイナンバーの取扱注意点

会社分割や合併におけるマイナンバーについては、前述のとおりその事業の承継に伴いマイナンバーを含めた特定個人情報の提供は可能となります。

ただし、従業員本人の同意があったとしても、承継前に利用目的として特定された範囲を超えて、マイナンバーを利用することはできないものとされています。

仮に、会社分割や合併に関わる各企業において、マイナンバーの利用目的として特定、明示された範囲が異なる場合については、その利用が制限されることとなります。

実務上の対応としては、承継以前において各企業における利用目的の確認・検討が必要です。

【参考資料】

健康保険・厚生年金保険関連事務（適用関係）では、現時点で以下の様式等の変更を予定しています。

●健康保険・厚生年金保険関連事務（適用関係）（事業主提出関係）

変更される様式等
健康保険・厚生年金保険被保険者資格取得届／厚生年金保険70歳以上被用者該当届
健康保険・厚生年金保険被保険者資格喪失届／厚生年金保険70歳以上被用者不該当届
厚生年金保険被保険者資格喪失届／70歳以上被用者該当届
健康保険・厚生年金保険被保険者報酬月額算定基礎届／厚生年金保険70歳以上被用者算定基礎届
健康保険・厚生年金保険被保険者報酬月額変更届／厚生年金保険70歳以上被用者月額変更届

変更される様式等
健康保険・厚生年金保険被保険者賞与支払届／厚生年金保険70歳以上被用者賞与支払届
健康保険被扶養者（異動）届／国民年金第3号被保険者関係届
国民年金第3号被保険者関係届
健康保険・厚生年金保険育児休業等取得者申出書（新規・延長）／終了届
健康保険・厚生年金保険育児休業等終了時報酬月額変更届／厚生年金保険70歳以上被用者育児休業等終了時報酬月額相当額変更届

変更される様式等
健康保険・厚生年金保険産前産後休業取得者申出書／変更（終了）届
健康保険・厚生年金保険産前産後休業終了時報酬月額変更届／厚生年金保険70歳以上被用者産前産後休業終了時報酬月額相当額変更届
厚生年金保険養育期間標準報酬月額特例申出書・終了届
厚生年金保険被保険者種別変更届
厚生年金保険特例加入被保険者資格取得申出書

変更される様式等
厚生年金保険特例加入被保険者資格喪失申出書
健康保険・厚生年金保険新規適用届

※　組合によっては、被保険者証の検認又は更新等において、個人番号を記入した書類の提出を求められることがあります。

出所：内閣官房「マイナンバー　概要資料」より

第3章

所得税・法人税等関係の実務変更点と対応策 Q&A

Q31 マイナンバー制度導入で税務の変更点は

マイナンバー制度の導入に伴い、今後の税務関連の手続は、次のような変更がなされます。

(1) 各種税務関係書類へのマイナンバー記載の義務化

① 納税者自身のマイナンバーの記載

税務当局に提出する申告書や法定調書等の税務関係書類には、個人の場合には個人番号、法人の場合には法人番号を記載することが義務づけられました。

税務当局では、あらゆる納税者の方が提出した法定調書などの名寄せや申告書との突合がより正確かつ効率的に行えるようになることが期待されています。

それによって、税務当局による所得把握の正確性が向上し、納税者間での適正・公平な課税につながると考えられています。

なお、成りすましを防止するため、税務署等に対して、マイナンバーの提供を受ける際、本人確認が義務づけられています。したがって、納税者の方が、マイナンバーを記載した申告書、法定調書等を提出する際には、個人番号カード等の提示により、本人確認がなされます（本人確認の手続についてはQ10・35を参照）。

②　給与や報酬などの金銭の支払を受ける側のマイナンバー記載

①は、申告書や法定調書等を提出する方（あるいは法人）のマイナンバー記載の義務の話でした。その方（あるいは法人）が法定調書への記載の対象となる給与や報酬などの支払をする場合には、その金銭等を受ける方のマイナンバーを記載することも必要です。

例えば、法定調書の一種である給与所得の源泉徴収票にはその給与を支払う法人のマイナンバーを記載するだけではなく、給与の支給を受ける従業員のマイナンバーも記載する必要があります。

そのため、法定調書の提出義務者は、金銭の支払いを受ける方から個人番号・法人番号のマイナンバーの通知を受けなければなりません。その際には本人確認の手続を行う必要が出てきます（本人確認の手続についてはＱ10・35を参照）。

⑵　マイナポータルの導入

現在、通称マイナポータルという仕組の導入が検討されています。このマイナポータルは、正式には「情報提供等記録開示システム」と呼ばれており、平成29年1月からの開始が予定されています。

このマイナポータルの導入により、納税者は、行政機関がマイナンバーの付いた自分の情報をいつ、どことやりとりしたのか確認できるほか、行政機関が保有する自分に関する情報や行政機関から自分に対しての必要なお知らせ情報等を自宅のパソコン等から確認することができます。

例えば、各種社会保険料の支払金額や確定申告等を行う際に参考となる情報の入手等が行えるようになる予定です。

なお、成りすましの防止等、情報セキュリティに配慮するために、マイナポータルを利用する際は、個人番号カードに格納された電子情報とパスワードを組み合わせて確認する公的個人認証を採用し、本人確認を行うための情報としてマイナンバーを用いない仕組みが考えられています。

(3) 税務申告における必要書類の省略化

納税者の納税申告手続におけるメリットといえますが、次のような点が検討されています。
・住宅ローン控除等などで申告書に添付が必要であった住民票の添付が省略できること
・国と地方にそれぞれ提出する義務のある給与・年金の源泉徴収票・支払報告書の電子的提出先を地方税当局へ一元化されること。

Q32 納税者にとってのメリットは

マイナンバー制度導入のメリットは、次のように大きく2つあります。

(1) より公平で正確な税負担の実現

税務当局が、マイナンバーを用いて、その保有する各種所得情報につき正確かつ効率的に名寄せ、突き合わせすることにより、所得の過少申告や税の不正還付等を効率的に防止是正することができるようになります。すなわち、課税の公平の実現性がより高くなるといわれています。

⑵　納税者の申告時における利便向上

現在検討されているものとしては、次のようなものがあります。

①　税務申告における必要添付書類の省略化

税額控除など減税となるための恩典を受けるためには、申告書と一緒に必要書類を提出することが求められているものが多くあります。

ところが、マイナンバー制度により、税務当局で納税者のマイナンバーが把握できれば、それを通じて税額控除の要件を満たしていることの照会を行うことが可能となります。そのために納税者が申告書へ添付するための必要書類を取得や添付しなくても済むようなことが期待されています。

②　国と地方にそれぞれ提出する義務のある給与・年金の源泉徴収票・支払報告書の電子的提出先を地方税当局へ一元化

この点についても、前述したように会社が行っている国・地方自治体への提出手続につき、電子的な媒体による提出にあたっては、提出先を市区町村役場などの地方税当局のみに一元化することが期待されます。

Q33 税務書類にマイナンバーの記載は

【図表18　マイナンバーを記載する必要がある個人・法人】

・申告書を提出する個人・法人 ・所得税確定申告書等に記載された所得税の控除対象となる配偶者、扶養親族、青色事業専従者、白色事業専従者 ・給与所得者の扶養控除等申告書などに記載された配偶者・扶養親族 ・法定調書の対象となる金銭等の支払を受ける方

税務当局に対して提出する税務申告書や法定調書等の税務関係書類には、個人番号・法人番号のマイナンバーを記載することが義務づけられました。

そのため、個人の所得税確定申告書を提出する方を例にとれば、提出者本人のみならず、所得税の計算上で扶養控除の対象とした扶養親族などのマイナンバーの記載が必要となると考えられます。

また、所得税の確定申告書を提出しない方でも、会社に勤務されている方であれば、年度末近くに毎年、会社に対して年末調整手続のために扶養親族の情報を記した資料などを提出しているはずです。

そのような方々も、年末調整のための申告書には、本人のみならず扶養親族のマイナンバーを記載しなければならないとされています。

給与所得の源泉徴収票を例にとれば、①給与支払者である法人のマイナンバー、②給与の支払を受ける従業員個人のマイナンバー、それに加えて、③従業員の控除対象配偶者・扶養親族のマイナンバーの記載が求められます。

さらに、法人が、弁護士、公認会計士などに対して報酬や原稿料など金銭等を支払う場合には支払調書と呼ばれる税務書類を交付しなければなりませんが、その支払調書にも支払をする側・支払を受ける側のそれぞれのマイナンバーを記載することになります。

Q34　マイナンバーの税務関係書類への記載は

申告書、法定調書等の税務関係書類への個人番号・法人番号のマイナンバーの記載をいつから行うかは、正式には決まっていません。しかし、現在の予定では、図表19のような案が検討されています。

なお、国税庁において、個人番号・法人番号のマイナンバーを記載する申告書や法定調書等の様式の制定に向けた検討が国税庁において行われています。

また、国税庁ホームページにおいて、平成26年12月から、法定調書の一部について、番号記載欄を追加した様式イメージの公表が行われています（源泉徴収票の新様式イメージについては、Ｑ44の図表22参照）。

【図表19　マイナンバー記載開始時期予定】

所得税	平成28年分の申告書から（平成29年1月以降に提出するもの。なお、平成28年分の準確定申告書については平成28年中に提出するものから）
贈与税	平成28年分の申告書から（平成29年1月以降に提出するものから）
法人税	平成28年1月1日以降に開始する事業年度に係る申告書から
消費税	平成28年1月1日以降に開始する課税期間に係る申告書から
相続税	平成28年1月1日以降の相続・遺贈に係る申告書から
法定調書	平成28年1月以降の金銭等の支払等に係るものから
申請・届出書等	平成28年1月以降に提出するものから（税務署等のほか、給与支払者や金融機関等に提出する場合も含む）

Q35　税務関係書類提出時の本人確認は

(1)　法人が個人から個人番号の提供を受ける場合

法人が個人の方から個人番号の提供を受ける際は、成りすましを防止するため、厳格な本人確認が義務づけられています。

税務署等でも、マイナンバーが記載された申告書や申請・届出書等が提出される際に、本人確認がなされます。

また、法定調書提出義務者の方が法定調書に記載するために金銭等の支払等を受ける方からマイナンバーの提供を受ける際には、本人確認を行う必要があります。

本人確認には、番号確認（記載されたマイナンバーが正しい番号であることの確認）と身元確認（申告等を提出する者がマイナンバーの正しい持ち主であることの確認）が必要とされています。

具体的には、原則として、①個人番号カード（番号確認と身元確認）、②通知カード（番号確認）と運転免許証（身元確認）、③マイナンバーが記載された住民票の写し（番号確認）と運転免許証（身元確認）などで本人確認を行うこととされています。

身元確認については、雇用関係にあることなどから本人に相違ないことが明らかと判断できるとマイナンバー利用事務実施者が認める場合は、身元確認のための書類の提示は必要ありません。ただし、番号確認は行う必要があります。

なお、これらの方法が困難な場合は、過去に本人確認を行って作成した事業者が初回に本人確認を行って取得したマイナンバーの記録と照合することで番号確認を行うことなども認められます。

(2) 代理人からマイナンバーの提供を受ける場合

代理人からマイナンバーの提供を受ける場合は、①代理権、②代理人の身元、③本人の番号の３つを確認する必要があります。

原則として、

① 代理権の確認は、法定代理人の場合は、戸籍謄本など任意代理人の場合は委任状
② 代理人の身元の確認は、代理人のマイナンバーカード、運転免許証など
③ 本人の番号確認は、本人のマイナンバーカード、通知カード、マイナンバーの記載された住民票の写しなど

で確認を行いますが、これらの方法が困難な場合は、他の方法も認められます。

Q36 本人確認が不要のときは

法定調書提出義務者の方が法定調書に記載するために金銭等の支払等を受ける方からマイナンバーの提供を受ける際には、本人確認を行う必要があります。

本人確認は、原則として、マイナンバーの提供を受ける都度、行う必要があります。ただし、2回目以降の番号確認については、個人番号カードや通知カード等の提示を受けることが困難な場合には、初回の本人確認の際に提供を受けた個人番号の記録と照合することにより確認することも認められています。

雇用関係にあることなどから本人に相違ないことが明らかに判断できるとマイナンバー利用事務実施者が認めるときは、身元確認を不要とすることも認められます。

例えば、従業員からマイナンバーを記載した扶養控除等申告書を毎年提出してもらう場合、本人

確認も毎回行う必要があります。ただし、２回目以降の番号確認は、個人番号カードや通知カードなどの提示を受けることが困難であれば、事業者が初回に本人確認を行って取得したマイナンバーの記録と照合する方法も認められます。

扶養家族の本人確認は、各制度の中で扶養家族のマイナンバーの提供が誰に義務づけられているのかによって異なります。

例えば、所得税の年末調整では、従業員が、事業主に対してその扶養家族のマイナンバーの提供を行うこととされているため、従業員はマイナンバー関係事務実施者として、その扶養家族の本人確認を行う必要があります。この場合、事業主が、扶養家族の本人確認を行う必要はありません。

Q37　法定調書への記載猶予期間って何

原則として、平成28年1月1日以後の金銭等の支払等に係る法定調書については、その支払を受ける者は支払者に対して個人番号・法人番号のマイナンバーを告知して、その番号をその支払に係る法定調書に記載しなければなりません。

しかし、「配当、剰余金の分配及び基金利息の支払調書」や「特定口座年間取引報告書」等の税法に告知義務が規定されている一部の調書については、「番号法整備法」等において、個人番号・法人番号のマイナンバーを告知について3年間の猶予規定が設けられており、その間告知を受ける

【図表 20　猶予が認められている法定調書】

No	調書の種類
1	利子等の支払調書
2	国外公社債等の利子等の支払調書
3	配当、剰余金の分配及び基金利息の支払調書
4	国外投資信託等又は国外株式の配当等の支払調書
5	投資信託又は特定受益証券発行信託収益の分配の支払調書
6	オープン型証券投資信託収益の分配の支払調書
7	配当等とみなす金額に関する支払調書
8	株式等の譲渡の対価等の支払調書
9	交付金銭等の支払調書
10	信託受益権の譲渡の対価の支払調書
11	先物取引に関する支払調書
12	金地金等の譲渡の対価の支払調書
13	名義人受領の利子所得の調書
14	名義人受領の配当所得の調書
15	名義人受領の株式等の譲渡の対価の調書
16	上場証券投資信託等の償還金等の支払調書
17	特定口座年間取引報告書
18	非課税口座年間取引報告書
19	国外送金等調書
20	国外証券移管等調書

までは、その個人番号・法人番号のマイナンバーについて記載をすることが猶予されています。

ただし、「給与所得の源泉徴収票」や「報酬、料金、契約金及び賞金の支払調書」等、猶予規定が設けられていない法定調書については、原則どおりに、給与等の支払者は平成28年1月以降の支払に係る法定調書の提出までに、個人番号・法人番号のマイナンバーの提供を受け、その番号を法定調書に記載する必要があります。

なお、猶予が認められている法定調書は、図表20のとおりです。

Q38　税務関係で特定個人情報の提供が行われる場合とは

マイナンバーの提供については、マイナンバー法で規定する場合以外はマイナンバーの提供をしてはならないと規定されています。

国税分野において、企業が特定個人情報（マイナンバーを含む個人情報）の提供を行うことができる場合としては、次のようなものが規定されています。

① 個人番号関係事務実施者（民間）からの提供

例：民間事業者が自身のマイナンバーおよび従業員等のマイナンバーが記載された源泉徴収票を税務署へ提出

② 個人番号関係事務実施者（民間）への提供

例：従業員等が本人・扶養親族のマイナンバーが記載された扶養控除等申告書を勤務先へ提出
③　本人（代理人）から個人番号利用事務実施者である国税庁長官（税務署等）への提供
例：本人・代理人が、本人のマイナンバーを記載した申告書等を税務署等へ提出
④　本人から委託者への提供
例：申告書等作成のため、本人から税理士へマイナンバーを提供
⑤　地方税法等に基づく、国税庁長官から市区町村長等への国税・地方税情報の提供
例：マイナンバーを含む所得税申告書情報の地方税当局への提供
⑥　租税に関する法律の規定による質問、検査等が行われる際の提供
例：税務調査における調査対象先からのマイナンバーを含む情報の提供

Q39　マイナンバーで税負担は変わるってホント

(1)　名寄せや突合わせが可能

マイナンバー制度が導入されても、理論的には個人あるいは法人の税負担が変わることはありません。

マイナンバー制度とは、「社会保障・税制度の効率性・透明性の確保」と「国民にとって利便性

の高い公平・公正な社会の実現」に向けて、国民全員、法人に対して個人番号・法人番号が割り当てられる制度です。

マイナンバーは、税務当局、金融機関、民間企業などの複数の機関に存在している個人や法人の情報を同一人、同一法人の情報であるということの確認を行うための社会基盤（インフラ）です。

例えば、会社に勤務するサラリーマンの方が、会社から得る給与以外にも預貯金や株式などの金融資産を金融機関において保有されているとすると、税務当局では、その方の勤務する会社から税務当局により提出される源泉徴収票により給与所得の金額を捕捉し、金融機関から税務当局に対して提供される預金利息、配当収入、株式売却等による収入の金額を捕捉がマイナンバーによる情報で容易に名寄せが可能となるものと考えられます。

マイナンバー制度が導入される前の段階でも、税務当局は、納税者の所得に関する捕捉に関する試みは当然のことながら行っていると考えられます。しかし、マイナンバー制度が導入されることにより、その保有する各種の所得情報につき正確かつ効率的に名寄せ、突合せが可能となり、納税者の所得の過少申告や税の不正還付等を効率的に防止是正することで課税の公平性がより保てるようになるものと思われます。

⑵　平成30年１月から預金口座にも適用

なお、政府は、マイナンバーを銀行の預金口座に対し平成30年1月から適用する方針でその改正法案を国会に提出しています（平成27年3月執筆日現在）。この法案では、預金口座への適用は義務ではなく任意であるものの、政府は平成38年までに義務化すべきかどうかの検討を行うとしています。

Q40　給与計算業務でのマイナンバーの利用は

(1)　給与計算におけるマイナンバーの利用

毎月の給与や賞与計算業務に直接マイナンバーを利用することはありません。計算フローや本人への振込作業は従来と同じです。

従業員へ交付する給与明細書や、会社で管理する計算結果の帳票等に、マイナンバーを記載する必要もありません。

(2)　給与計算に関連する他の業務への影響

給与計算に関連する業務では、主に次の影響が考えられます。

・年末調整業務→扶養親族のマイナンバー取得、扶養控除等申告書の様式変更、マイナンバーを記載

・給与所得の源泉徴収票作成事務→様式変更、マイナンバーを記載

・給与支払報告書作成事務↓様式変更、マイナンバーを記載

給与計算に関連する業務においては、主に源泉所得税や住民税に関する業務に影響します。それぞれの業務への影響については、次のＱ41以降で解説します。

(3)　給与計算システムへの影響

給与計算は、パッケージシステムや自社開発システムを使用している会社も多いと思います。前述したように、月例の給与計算そのものの業務フローや帳票は変わりませんが、扶養控除等申告書や給与所得の源泉徴収票の様式が変更されます。

したがって、年末調整業務や源泉徴収票作成を給与計算システムで行っている場合、これらの機能については事前にバージョンアップ作業が必要です。

パッケージソフトを使用している場合、その開発元会社にバージョンアップ時期や費用について早急に確認しておきましょう。

一方、自社でシステムを開発している場合、マイナンバーの影響を受ける手続書類は非常に多く、開発期間・費用ともに負担増が想定されます。自社での対応は、早めの検討が望ましいでしょう。

いずれの場合でも、マイナンバーをシステムで管理する場合、高度なセキュリティ対策が求められます。現在使用しているシステムがマイナンバーを管理する上でセキュリティ面に不安はないか、これを機に見直してみてはいかがでしょうか。

Q41　年末調整業務での変更点は

(1)　年末調整業務における影響

年末調整においては、業務の流れという観点では従来とそれほど変わりません。

ただし、年末調整の際に従業員から提出してもらう扶養控除等申告書や保険料控除申告書、年末調整後に従業員へ交付する給与所得の源泉徴収票などの様式が変更されることとなります。

従業員が様式の変更に混乱しないよう、事前に様式変更に関するアナウンスをしておくと、その後の処理がスムーズになるでしょう。

(2)　扶養親族のマイナンバー取得

従業員とその扶養親族のマイナンバーは、扶養控除等申告書に記載する必要があります。

扶養控除等申告書に関する注意点は、次のQ42で詳細に解説しますが、扶養親族のマイナンバー取得は、会社ではなく従業員が取得するということに留意してください。

前述の様式変更に加え、扶養親族がいる従業員に対しては、扶養親族のマイナンバーを取得する必要があることも事前に説明しておきましょう。

(3)　年末調整業務までに会社が構築しておくフロー

給与担当者にとっては、年末調整業務そのものが1年で最も繁忙となる時期でしょう。本年10月以降、従業員とその扶養親族のマイナンバーをスムーズに取得するためには、事前準備が重要です。スムーズな事前準のために必要なポイントは、次のとおりです。

・従業員に関するマイナンバー取得
・扶養親族に関するマイナンバー取得↓年末調整業務において扶養親族のマイナンバーの取得は従業員本人が行います。扶養親族がいる従業員には、事前に番号取得に関するルールを説明すべきでしょう。
・各種法定調書の様式変更に関するアナウンス↓記載ミスを防ぐため、マイナンバーの記載が必要であることや、様式が変更となる旨を、事前にアナウンスしておくとよいでしょう。
扶養控除等申告書に関しては、必要に応じて記載例も準備しましょう。

Q42　扶養控除等申告書等での変更点は

(1)　従業員とその扶養親族のマイナンバー記載が必要

給与所得者の扶養控除等申告書は、平成28年分から従業員とその扶養親族のマイナンバーを記載

【図表 21　給与所得者の扶養控除等申告書の様式案】

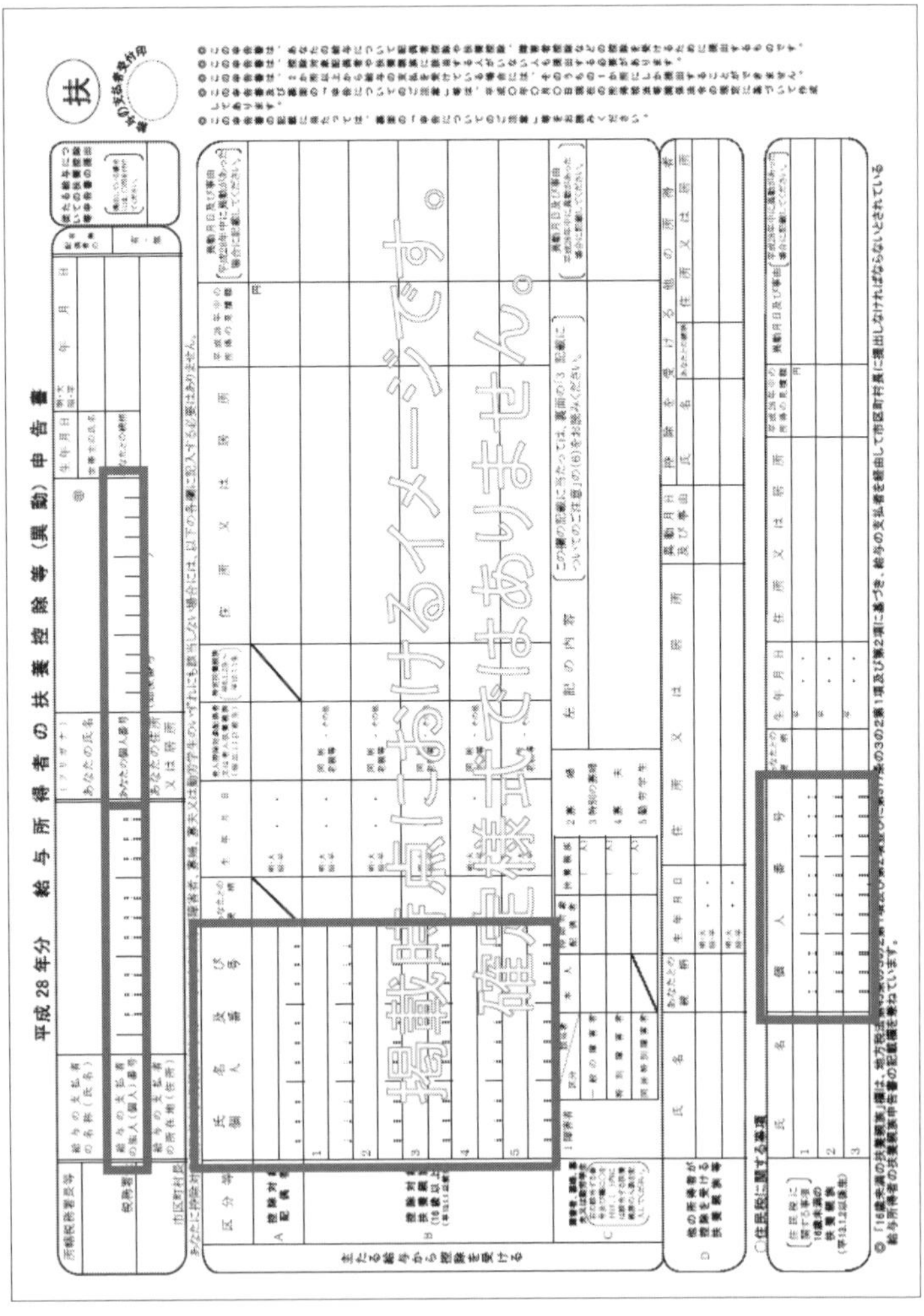

出所：内閣官房「マイナンバー　概要資料」より

する欄が設けられるため、様式が変更されることとなります。

給与所得者の扶養控除等申告書の様式案（図表21）は公表されていますが、正式な様式は平成27年９月下旬に公表される予定となっています。

また、保険料控除申告書兼給与所得者の配偶者特別控除申告書も変更が検討されており、扶養控除等申告書同様、マイナンバーを記載する欄が設けられる予定となっています。

(2)　扶養親族のマイナンバー取得

扶養控除等申告書に記載する扶養親族のマイナンバー取得は従業員本人が行います。扶養控除等申告書については、会社への提出義務者はあくまで従業員であり、扶養親族のマイナンバーの本人確認も従業員が行うため、会社が扶養親族の本人確認を行う必要はありません。

類似ケースの国民年金第３号被保険者手続とは考え方が異なりますので、注意が必要です。

(3)　書類廃棄に関する注意点

マイナンバーに関しては、保管期限を超えて保管することが禁止されています。

扶養控除等申告書は、その申告書の提出期限が属する年の翌年１月10日の翌日から７年間保管する必要があります。保管期限を超えてその申告書を保管する場合、平成27年分以前のものは問題ないですが、平成28年分以降のものはマイナンバーの記載があるため、できるだけ速やかに廃棄または削除しなければなりません。

なお、マイナンバーの部分を復元できない程度にマスキング（マジック等による黒塗り）または削除した上で、他の情報の保管を継続することは可能です。

このように、マイナンバーの保管（廃棄）には法律上厳しい制限があります。紙の書類・データを問わず、廃棄または削除を前提とした保管方法を検討する必要があります。

Q43 市区町村に提出する給与支払報告書の変更点は

(1) 給与支払報告書にはマイナンバーの記載が必要

会社は、前年中に給与等を支給したすべての従業員等（パート、アルバイト、役員等を含む）について、給与支払報告書を翌年1月31日までに提出する義務があります。この給与支払報告書には、マイナンバーの記載が必要となります。

各市区町村は、住民税を徴収するために、会社に対しその従業員のマイナンバーとともに新年度（6月以降）の特別徴収税額を通知します。

会社によっては、給与支払報告書と給与所得の源泉徴収票をあわせた4枚綴りの様式を使用しているケースもあると思います。

次のＱ44で解説しますが、マイナンバー制度の開始に伴い、給与所得の源泉徴収票の様式が変更となります。これにあわせて、給与支払報告書の様式も変更されます。

マイナンバー制度施行後は、各書類において適切な様式で作成するよう、注意が必要です。

なお､給与支払報告書の提出枚数は､各市区町村につき2枚ですので､現在の対応と変わりません。

(2) 給与支払報告書の様式が変更される時期

マイナンバーが記載される新しい給与支払報告書の提出時期は、平成28年分（平成29年1月31日までに提出する分）からです。

(3) 給与支払報告書以外に市区町村に提出する書類に関する注意点

各市区町村へ提出が義務づけられている給与支払報告書について解説しましたが、そのほかにも給与計算関連で各市区町村へ提出する書類はあります。

例えば、年の途中で従業員が退職したときに提出する住民税異動届（特別徴収に係る給与所得者異動届出書）が該当します。

この住民税異動届についても、平成28年1月以降に提出する分にはマイナンバーの記載が必要となる予定です。

平成28年1月以降に退職者が発生した場合、新しい給与支払報告書よりも前にマイナンバーの記載をする必要が生じるため、マイナンバー収集については事前にしっかり対応しておく必要があります。
なお、この住民税異動届もマイナンバーを記載する欄が追加された、新しい様式に変更される予定です。

Q44 給与所得の源泉徴収票で注意することは

(1) 給与所得の源泉徴収票の変更点

給与所得の源泉徴収票に関する変更点として、従業員・扶養親族分を含むマイナンバーを記載する欄が設けられること、扶養親族については氏名の記載が必要となること、様式が現行のA6版からA5版（図表22参照）に変更されることが挙げられます。

マイナンバーの記載は、従業員分のみでなく、扶養親族がいる場合は全員分が必要となります。前述したとおり、扶養親族分のマイナンバー取得は、その従業員本人が行います。会社は、従業員が取得した扶養親族分のマイナンバーを源泉徴収票に転記します。

従業員が扶養親族分のマイナンバー取得を行わなかった、または会社に届け出なかった（扶養控除等申告書に記載しなかった等）場合、会社は源泉徴収票を正しく作成することができません。

源泉徴収票を作成する際には、扶養親族分も含めたマイナンバーが正しく記載されているかを確

【図表 22　給与所得の源泉徴収票の変更後の様式例】

別表第六(一)

平成　　年分　給与所得の源泉徴収票

支払を受ける者	住所又は居所			
	氏名	（役職名）	個人番号	

種別	支払金額	給与所得控除後の給与等の金額	所得控除の額の合計額	源泉徴収税額
	千　円	千　円	千　円	千　円

控除対象配偶者の有無等		配偶者特別控除の額	控除対象扶養親族の数			障害者の数		社会保険料等の金額	生命保険料の控除額	地震保険料の控除額	住宅借入金等特別控除の額
有・無	従 有・無		特定	老人	その他	特別	その他				
老人控除対象配偶者		千　円	人　従人	人　従人	人　従人	人	人	千　円	千　円	千　円	千　円

控除対象配偶者	氏名		個人番号	
控除対象扶養親族	氏名		個人番号	
	氏名		個人番号	
	氏名		個人番号	
	氏名		個人番号	
	氏名		個人番号	

（摘要）

従業員へ交付する源泉徴収票には記載しません

支払者	住所（居所）又は所在地			
	氏名又は名称	（電話）	個人番号又は法人番号	

出所：内閣官房「マイナンバー　概要資料」より

認する必要があります。

なお、様式の右下にある支払者欄の「マイナンバー又は法人番号」については、従業員へ交付する源泉徴収票には記載する必要はありません。

⑵　様式の変更時期

給与所得の源泉徴収票は、平成28年分の年末調整で交付するものから新しい様式に変更されます。前述した給与支払報告書も、平成28年分（平成29年1月31日までに提出する分）から様式が変更となります。

給与所得の源泉徴収票と給与支払報告書を4枚つづりの様式で作成している場合は、併せて変更すればよいでしょう。

なお、平成28年1月以降に退職する従業員への配布分は、新しい様式で対応する必要があります。

Q45　退職所得の源泉徴収票・受給申告書の変更点は

⑴　退職金計算におけるマイナンバーの利用

退職金を支払う場合において、計算業務に直接マイナンバーを利用することはありません。従業

【図表 23　退職所得の受給に関する申告書の変更案】

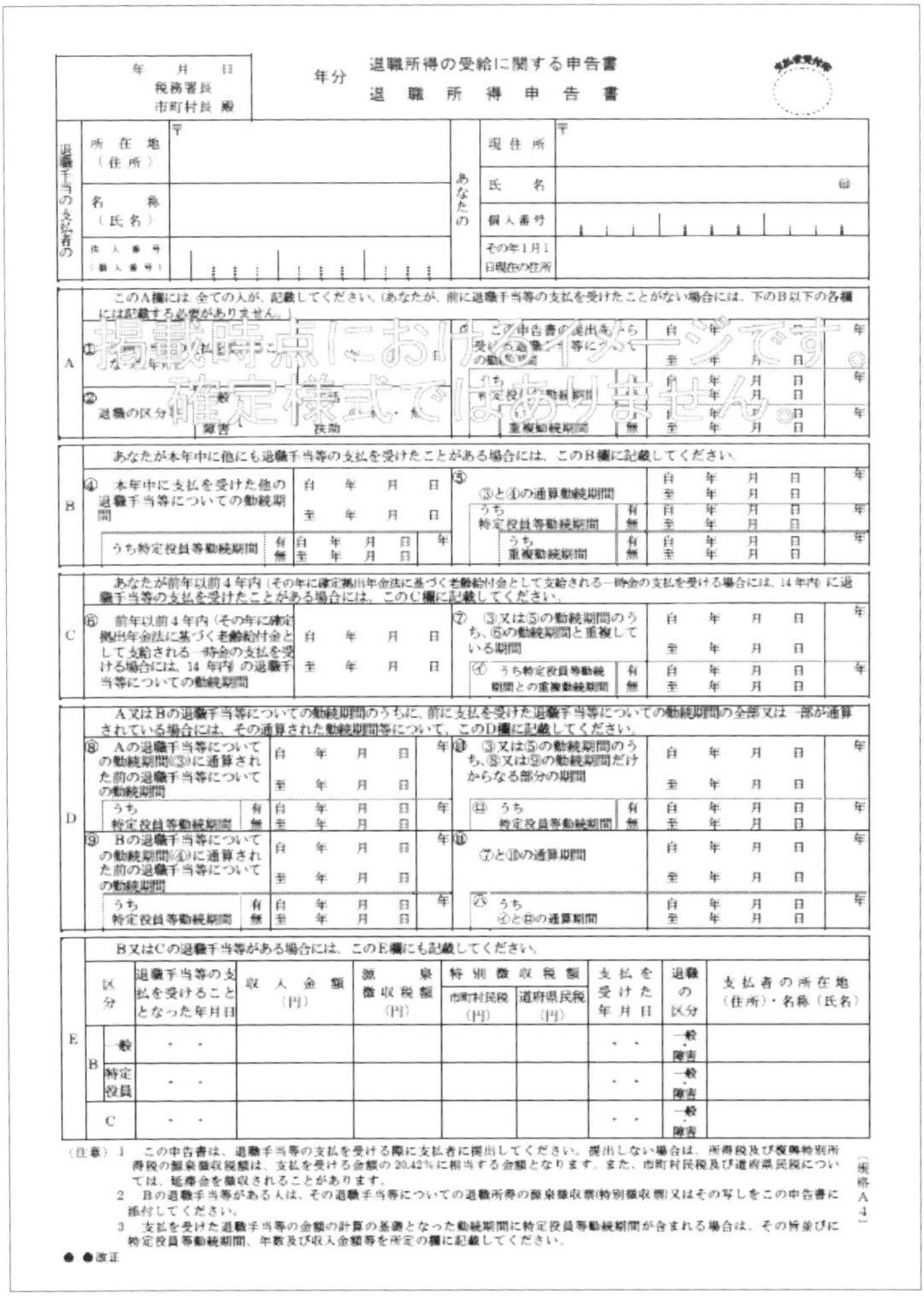

年　月　日
税務署長
市町村長　殿

年分　退職所得の受給に関する申告書
退　職　所　得　申　告　書

退職手当の支払者の
所在地（住所）〒
名称（氏名）
法人番号（個人番号）

あなたの
現住所〒
氏名　㊞
個人番号
その年1月1日現在の住所

A　このA欄には、全ての人が、記載してください。（あなたが、前に退職手当等の支払を受けたことがない場合には、下のB以下の各欄には記載する必要がありません。）

掲載時点におけるイメージです。
確定様式ではありません。

①
② 退職の区分　障害　扶助
③ この申告書の提出先から受ける退職手当等についての勤続期間　自　年　月　日　至　年　月　日　年
うち特定役員等勤続期間　有・無　自　年　月　日　至　年　月　日　年
うち重複勤続期間　有・無　自　年　月　日　至　年　月　日　年

B　あなたが本年中に他にも退職手当等の支払を受けたことがある場合には、このB欄に記載してください。
④ 本年中に支払を受けた他の退職手当等についての勤続期間　自　年　月　日　至　年　月　日
うち特定役員等勤続期間　有・無　自　年　月　日　至　年　月　日　年
⑤ ③と④の通算勤続期間　自　年　月　日　至　年　月　日　年
うち特定役員等勤続期間　有・無　自　年　月　日　至　年　月　日　年
うち重複勤続期間　有・無　自　年　月　日　至　年　月　日　年

C　あなたが前年以前４年内（その年に確定拠出年金法に基づく老齢給付金として支給される一時金の支払を受ける場合には、14 年内）に退職手当等の支払を受けたことがある場合には、このC欄に記載してください。
⑥ 前年以前４年内（その年に確定拠出年金法に基づく老齢給付金として支給される一時金の支払を受ける場合には、14 年内）の退職手当等についての勤続期間　自　年　月　日　至　年　月　日
⑦ ③又は⑤の勤続期間のうち、⑥の勤続期間と重複している期間　自　年　月　日　至　年　月　日　年
㋑ うち特定役員等勤続期間との重複勤続期間　有・無　自　年　月　日　至　年　月　日　年

D　A又はBの退職手当等についての勤続期間のうちに、前に支払を受けた退職手当等についての勤続期間の全部又は一部が通算されている場合には、その通算された勤続期間等について、このD欄に記載してください。
⑧ Aの退職手当等についての勤続期間（③）に通算された前の退職手当等についての勤続期間　自　年　月　日　至　年　月　日　年
うち特定役員等勤続期間　有・無　自　年　月　日　至　年　月　日　年
⑨ Bの退職手当等についての勤続期間（④）に通算された前の退職手当等についての勤続期間　自　年　月　日　至　年　月　日　年
うち特定役員等勤続期間　有・無　自　年　月　日　至　年　月　日　年
⑩ ③又は⑤の勤続期間のうち、⑧又は⑨の勤続期間だけからなる部分の期間　自　年　月　日　至　年　月　日　年
㋺ うち特定役員等勤続期間　有・無　自　年　月　日　至　年　月　日　年
⑪ ⑦と⑩の通算期間　自　年　月　日　至　年　月　日　年
㋩ うち㋑と㋺の通算期間　自　年　月　日　至　年　月　日　年

E　B又はCの退職手当等がある場合には、このE欄にも記載してください。

区分		退職手当等の支払を受けることとなった年月日	収入金額（円）	源泉徴収税額（円）	特別徴収税額 市町村民税（円）	特別徴収税額 道府県民税（円）	支払を受けた年月日	退職の区分	支払者の所在地（住所）・名称（氏名）
B	一般	・　・					・　・	一般・障害	
B	特定役員	・　・					・　・	一般・障害	
C		・　・					・　・	一般・障害	

（注意）1　この申告書は、退職手当等の支払を受ける際に支払者に提出してください。提出しない場合は、所得税及び復興特別所得税の源泉徴収税額は、支払を受ける金額の 20.42％に相当する金額となります。また、市町村民税及び道府県民税については、延滞金を徴収されることがあります。
2　Bの退職手当等がある人は、その退職手当等についての退職所得の源泉徴収票（特別徴収票）又はその写しをこの申告書に添付してください。
3　支払を受けた退職手当等の金額の計算の基礎となった勤続期間に特定役員等勤続期間が含まれる場合は、その旨並びに特定役員等勤続期間、年数及び収入金額等を所定の欄に記載してください。

（規格Ａ４）

●.●改正

出所：内閣官房「マイナンバー　概要資料」より

員へ交付する明細書等にマイナンバーを記載する必要もありません。

しかし、退職金を計算する際に従業員から提出を受ける退職所得の受給に関する申告書、ならびに、退職金を支給した後に従業員へ交付する退職所得の源泉徴収票に、マイナンバーを記載する必要があります。

これに伴い、各様式もマイナンバーを記載する欄が設けられる予定となっています。

したがって、退職金の計算も給与計算と同様、それ自体の計算フローは従来どおりですが、各種法定調書にはマイナンバーの記載というフローが追加されることとなりますので、様式の変更については、注意が必要です。

なお、様式の変更時期は、平成28年1月以降に支払いがあるものからとなります。退職者については、在籍している従業員と比べて連絡が取りにくいケースが想定されますので、事前に番号取得をしっかり対応しておきましょう。

(2) マイナンバーが記載されている源泉徴収票と受給申告書の保管上の注意点

退職所得の受給に関する申告書の保管については、扶養控除等申告書と同様、その申告書の提出期限が属する年の翌年1月10日の翌日から7年間保管する必要があります。

なお、マイナンバーは、法定の保管期限を超えて保管できないため、書類廃棄のルール検討が必要です。

Q46　給与以外で税務当局が把握できる収入は

(1)　給与

給与については、従来より、社員全員分の給与支払報告書が会社から市区町村に提出されています。また、給与の額が一定額を超える者については、給与所得の源泉徴収票が会社から税務当局に提出されています。

したがって、給与等の支払者がこういった法定調書等の提出義務を果たしていたことを前提に考えると、これまでも税務当局等は、私たちの給与収入を把握していたということができます。

なお、マイナンバー制度の導入によって、給与所得の源泉徴収票や給与支払報告書については、給与等を支払う者のマイナンバー、給与等の支払を受ける者のマイナンバーに加えて、控除対象配偶者・扶養親族のマイナンバーなども記載することになります。

(2)　銀行利子

銀行等が個人の顧客に支払う利子については、従来、その課税が源泉分離課税で終了することから、利子調書の提出は免除されていました。

しかし、マイナンバーを銀行の預金口座に適用することが平成27年度の税制改正に盛り込まれ、平成30年から実施されることとなりました。

マイナンバーを使うことを預金者に義務づけることは見送られますが、今後、新たな情報に注視していく必要があると考えられます。

(3) 株式配当

株式配当については、従来より、配当等に関する支払調書が配当等を支払う者から税務当局に提出されています。したがって、これまでも税務当局等は、私たちの配当金等を把握していたといえます。

なお、マイナンバー制度の導入によって、配当等の源泉徴収票に、支払者のマイナンバー、支払を受ける者のマイナンバーが記載されることとなります。

また、株式等の譲渡に関する調書、生命保険会社が顧客に支払った一時金の調書といった法定調書にもマイナンバーが付されることになります。

第4章　その他の実務変更点と対応策

Q&A

Q47 法人番号は公表されるってホント

法人番号（13桁のマイナンバー）は、インターネットを通じて公表されることが予定されています。個人のマイナンバーは、当面は社会保障分野、税分野などに利用範囲が限定されていますが、法人番号は、官民問わずに様々な用途でその活用が可能なものと位置づけられていることから、広く一般に公表される予定です。

法人番号により公表される情報は、法人番号の指定を受けた団体の①商号・名称、②本店・主たる事務所の所在地、③法人番号の3項目です。これらの情報を「基本3情報」と称しています。また、法人番号の指定を受けた後に、商号や所在地等に変更があった場合には、公表情報を更新するほか、変更履歴も併せて公表される予定です。

なお、法人番号の指定を受けた団体のうち、人格のない社団等の公表については、国税庁長官がその代表者・管理人の同意を得なければならないとされています。そのため、公表に対して当該同意をした人格のない社団等についてのみ、基本3情報が公表されることになります。

人格のない社団等の中には、名称や主たる事務所の所在地について公表を望まないために法人成りしていない団体があることも想定されることから、そのような人格のない社団等の権利を尊重する趣旨で、基本３情報の公表に際してその代表者・管理人の同意が必要とされているものとされています。

Ｑ48　個人払への対応は

民間企業は、従業員の健康保険や厚生年金の加入手続を行ったり、従業員の給料から源泉徴収して税金を納めたりしています。また、証券会社や保険会社等の金融機関でも、利金・配当金・保険金等の税務処理を行っています。

平成28年１月以降は、これらの手続を行う際にマイナンバーが必要となります。そのため、企業や団体に勤務する個人や金融機関と取引がある個人は、勤務先や金融機関に本人や家族のマイナンバーを提示する必要があります。

また、民間企業が外部の個人に講演や原稿の執筆を依頼し、報酬を支払う場合についても、その報酬から税金の源泉徴収をしなければいけません。そのため、こうした外部の個人からもマイナンバーを提供してもらう必要があります。

マイナンバーを取得する際は、本人に利用目的を明示するとともに、他人への成りすましを防止するために厳格な本人確認を行う必要があります。

では、従業員や金融機関の顧客などの個人がマイナンバーの提供を拒んだ場合、どのように対応すればいいのでしょうか。

こういったケースにおいては、社会保障や税の決められた書類にマイナンバーを記載することは、法令で定められた義務であることを周知し、提供を求めることとされています。そのうえで、それでも提供を受けられないときは、書類の提出先の機関の指示に従うこととされています。

Q49　誤記したときの帳票の効果は

マイナンバーを誤記した書類であっても、直ちにその書類の有効性が失われることはないと考えられます。ただし、行政手続等において支障を来す可能性があることから、誤記したことが判明した時点で速やかに訂正することが重要と思われます。

例えば、税務申告書のマイナンバー記載欄に誤った番号を記載して申告書を提出した場合であっても、その申告行為が無効であるとされることはないと推測されます。

また、届出書についても、記載したマイナンバーが誤っていた場合であっても届出が無効とされる可能性は低いと推測されます。

ただし、その届出の手続が完了した日がいつとなるのかについては、現在明確な取扱いは示されていないようです。

届出の義務履行については、行政手続法において、「届出が届出書の記載事項に不備がないこと、届出書に必要な書類が添付されていることその他の法令に定められた届出の形式上の要件に適合している場合は、当該届出が法令により当該届出の提出先とされている機関の事務所に到達したときに、当該届出をすべき手続上の義務が履行されたものとする」と規定されています。

この規定によると、届出書が提出先に到達した時点において、記載事項に不備がなければ手続の義務がなされたと解されます。

したがって、記載事項に不備があった場合には、不備が訂正されるまで届出手続の義務が履行されていないと取り扱われる可能性が全くないとは言い切れません。この点については、今後発表される取扱いの詳細を注視する必要があります。

Q50　解散により清算結了した法人の法人番号の取扱いは

法人番号は、官民を問わず様々な用途で利活用することとされています。

そのため、法人番号が一度指定されると、その法人番号はインターネット等を通じて公表される予定ですが、その法人のいわゆる基本３情報といった①商号・名称、②本店・主たる事務所の所在地、③法人番号に関する情報は自由に流通されることになります。

その法人番号を保有する法人が解散し清算の結了等により消滅したからといって、転々と流通する法人番号が直ちに不要になるものではなく、法人番号に関連づけられた情報（特定法人情報といいます）の授受が行われる限り利用されるものであることから、抹消されることはなく、同一番号が他の法人に使用されることもありません。

なお、公表を行った法人番号保有者について清算の結了等の事由が生じた場合には、当該事由が生じた旨、当該事由が生じた年月日が公表事項に加えられます。

Q51 トンネル会社や関係会社を使った所得隠しなどはなくなるってホント

所得隠しは違法行為です。既に様々な方策によって取締りが実施されています。マイナンバー制度の導入によって、税務当局による各種所得の捕捉精度が向上することが予測されていますので、今後は益々そういった行為はできなくなると推測されます。

現在、税務当局は、国税総合管理システム（「ＫＳＫシステム」といわれています）という情報管理システムによって税務関係の各種データの管理を行っています。

この情報システムは、全国の国税局と税務署をネットワークで結び、申告・納税の事績や各種の情報を入力することにより、国税債権などを一元的に管理するとともに、これらを分析して税務調査や滞納整理に活用するなど、地域や税目を越えた情報の一元的な管理を行うコンピュータシステムです。

マイナンバーは唯一無二性が特徴です。すべての法人および個人に1つの番号が重複しないように付与されます。ＫＳＫシステムにマイナンバーのデータが取り入れられることで、所得捕捉の精度は高くなることが予測されています。

例えば、トンネル会社、関係会社を利用した循環取引、架空経費の計上、幽霊社員への給与支払といった取引は、これまでの税務調査によっても判明するものではありましたが、今後は一層、補足される可能性が高くなると推測されます。

いずれにしても、所得隠しは違法行為ですので、法律に則り適正な税務申告をすることが大切です。

Q52　妻のバイト収入なども明らかになるってホント

現状においても、アルバイト収入については、「明らかになる仕組み」になっています。ご主人の給与データは、会社から市区町村に送付されます。

また、奥さんの給与データも、アルバイト先から市区町村へ送付されます。市区町村では、それらのデータに基づいて個人住民税の課税手続を行うことになっています。

マイナンバー制度が導入されることによって、所得捕捉の可能性は高くなると考えられます。現在、税務当局は、前述したように、ＫＳＫシステムという国税総合管理システムによって税務関係の各種データの管理を行っています。

一方、マイナンバーは唯一無二性が特徴であり、引越しによっても、結婚によっても変更になることはありません。ＫＳＫシステムにマイナンバーのデータが取り入れられることで、所得捕捉の精度は高くなることが予測されます。

奥さんのアルバイト収入だけではありません。大学に通うため、実家を離れて下宿している大学生のお子さんについて、アルバイト収入があることを知らずに扶養控除の適用を受けているといったケースもあるようです。

いずれにしましても、税法に従ってしっかりと税務手続されるべきです。

第5章

情報セキュリティの実務と対応策
Q&A

Q53 特定個人情報って何

(1) 特定個人情報とは

個人情報は、氏名、生年月日、住所などの情報を照合し、特定の個人を識別できるものでした。個人情報にマイナンバーが含まれた個人情報が特定個人情報となります。

マイナンバー制度施行後は、従業員への給与支払い、委託先への報酬支払いをしている会社すべてが対象となります。個人情報保護法の対象外であった個人情報が過去6か月以内5，000人以下の会社も特定個人情報を取り扱う会社となります。

(2) 特定個人情報ファイルとは

特定個人情報ファイルとは、マイナンバーを含んだ個人情報をコンピューター等で、管理もしくは検索できるように体系的に構成したものです。

会社が、特定個人情報ファイルを作成することができるのは、個人番号関係事務または個人番号利用事務を処理するために必要な範囲に限られており、従業員等の源泉徴収票作成事務、健康保険・厚生年金保険被保険者資格取得届作成事務等に限って、特定個人情報ファイルを作成することができます。

(3)　特定個人情報の取り扱いについて

特定個人情報の取扱いについて、いくつかの例を考えてみましょう。

既存の情報システムのデータベースに個人番号を付加することは、個人番号関係事務の範囲内での利用目的であれば、追加することはできます。後述の安全管理措置を行う必要があります。

マイナンバーを含むデータベースを複数の事務で用いている場合、アクセス制限を施すことで利用は可能になります。ユーザによって「特定個人情報ファイル」になる場合、ならない場合があるため、特定個人情報へのアクセス状況、特定個人ファイルの種類、取扱部署ごとに確認が必要になってきます。

Q54　情報システムの見直しが必要なのは

(1)　情報システムの見直しの範囲

マイナンバー制度導入により、人事給与システム、会計システム、販売管理システムなど情報システム全体の見直しが必要になると考えられます。

人事給与システムには、前述の源泉徴収票作成、健康保険・厚生年金保険被保険者資格取得届作成事務等の事務作業のために、特定個人情報ファイルを作成し、管理することになるでしょう。

次のような個人の取引相手も含まれることも考えられるため、会社としてマイナンバーの収集・管理方法を見直し、人事給与システム以外に会計システム、販売管理システムなどに影響があるかどうかのシミュレーションが必要になってくるでしょう。

① 顧問弁護士
② 顧問税理士
③ 賃貸契約を締結している個人の家主
④ 外部の研修講師、セミナー講演者
⑤ 販促キャンペーン開催時の外部協力者
⑥ 株式配当金、株式譲渡対価、投資信託分配金の支払相手

(2) クラウドサービスの利用

マイナンバーの収集・管理をするために、業務フローが一般化されてるクラウドサービスの利用も検討してもいいでしょう。

クラウドサービスの特徴は、マイナンバーを収集する業務プロセスにおいて、法律が定める利用目的の明示を行なった上で、本人確認の実施、マイナンバーの収集、管理、削除といったアウトソー

シングサービスを提供していることが多いため、次にあげる検討ポイントに該当する会社は、検討してみたらいかがでしょうか。

①　営業所、店舗が多い、エリアが広い
②　採用の手順化をしたい
③　人事部以外でもマイナンバーを利用する事が出てくる
④　賃料の支払がある
⑤　外部講師への報酬の支払がある
⑥　個人の税理士、社会保険労務士への報酬の支払がある

Ｑ55　情報システムの見直しポイントは

(1)　確認ポイント

現在、会社で使用しているシステムがパッケージソフトの場合、パッケージソフトメーカーが保守で対応をすると考えられます。次の項目について確認をしておいたほうがいいでしょう。

①　自社で使用しているソフトウエアのバージョン
②　保守で対応が可能であるかどうか

③　保守で対応する場合の対応時期
④　保守以外の対応の場合は追加費用の有無
また、システムの変更等もあることも考えられるため、次の項目についても確認をしておいたほうがいいでしょう。
①　特定個人情報へのアクセス制限方法
②　法人番号の登録方法
③　自社での追加作業の有無
④　変更予定の法定調書の帳票への対応時期
⑤　クラウドサービスで個人番号の収集・管理をする場合の連携方法
人事給与システムでマイナンバーの管理をすることが多いと考えられるため、例えば、マイナンバー管理者、システムへの登録者、運用者といった職務分担を明確にすることの検討も必要になってくるでしょう。

その際、アクセス権が適切になっているかの確認もしておいたほうがいいでしょう。

⑵　自社開発の場合

自社開発のシステムを利用している場合、個別に改修が必要になってくることが考えられます。

例えば、マイナンバーや法人番号の追加のためにマスターの追加、アクセス制御、帳票類の改修、健保組合や企業年金等とのシステム連携など多岐にわたることが考えられ、限られた時間の中での対応となるため、影響範囲を把握した上で優先順位をつけて対応をしていく必要があります。

(3) 費用対効果について

「システム管理に負担がかかっている」「システムが古い」などといったことが課題となっている会社は、クラウド型のシステムサービスに切り替えることの検討をしたらいかがでしょうか。

クラウドサービスは、企業にとって必要なサービスだけを導入することができ、導入スピードが速いだけでなく、社内でのサーバ等の管理やソフトウエアのバージョンアップなどをサービス提供会社が実施してくれるメリットがある一方、自社独自の業務に対応しない場合もあるので、導入前に確認が必要になってきます。

Q56　情報の安全管理への対策は

(1) 安全管理への対策

人事給与システムには、従業員、その扶養家族のマイナンバーが含まれています。例えば、３００人の従業員がいた場合、全従業員の扶養家族が仮に３名の場合。１，２００人分のマイナンバーを管理していることになります。

そのため、人事給与システムの取扱いは、非常に厳しい規程と物理的アクセス制限の必要が出てきます。

個人情報の漏えい、滅失、毀損を防止するなど、マイナンバーの適切な管理のために必要な措置を講じる必要が出てきます。

考えられる対応策は、次のようなものです。

① マイナンバーの登録者と利用者を別々にする
② 情報へのアクセス権を細かく制御する
③ システム上においてマイナンバーの登録者と利用者により画面を制御する。例えば、人事がマイナンバーを登録し、給与計算者の画面ではマイナンバーが見えないようにする
④ アクセスログを取る
⑤ 従業員から特定個人情報の取り扱いに関する誓約書を交わす
⑥ 定期的な異動の実施

(2) 小規模な事業者の場合

小規模な事業者の場合、給与計算者、経理担当者が1人ということも考えられます。その場合、給与業務のアウトソーシングの検討や社内での職務分担の見直し、パートの採用などを検討するこ

とも必要になってくるでしょう。

(3) 特定個人情報の管理

現在、各種法令では、「労働者名簿、賃金台帳　３年（国税通則法では7年）」、「健保、厚生年金2年」「雇用保険４年」は企業が保存年限が規定されています。

今後、従業員の退職が起きた場合、特定個人情報の性質上、企業は速やかに、マイナンバーの情報を破棄する必要が出てくることも考えられます。

社内情報の破棄ルールを策定し、運用することも検討する必要が生じることでしょう。その際、社内規程の「情報セキュリティー規程」などを策定することや見直しをすることが求められるでしょう。

(4) 情報漏洩のリスク

マイナンバーの情報漏えいが起こらないために、過去の情報漏洩の事例から考え、企業としてどのように対応しなければならないかを考える必要があります。

検討するポイントは、次のとおりです。

① 持ち出し……マイナンバー取扱者が悪意を持って持ち去ることが考えられます。特定個人情報ファイルへのアクセスの制限をかける、定期的にアクセスログを取る、ＵＳＢメモリなど電子媒

体の使用禁止　など

② 誤送信などの人的ミス……メールの添付ファイルの暗号化、パスワードをかける、マイナンバー情報をメールで送信しない、行政機関への提出時には、メール送信者以外が送信先などの目視をする　など

③ 外部からの脅威……ウイルスソフトのライセンス内容・期間確認、ネットワーク機器の確認、社内ＬＡＮ内のセキュリティチェックなどの実施　など

④ 委託先からの漏えい……委託先の定期的な監査、訪問の実施、報告書の提出　など

⑤ 使用後の廃棄漏れ……自社でマイナンバー情報を削除・廃棄する場合は削除履歴、廃棄記録を取る、作業委託する場合は委託先から作業完了証明書を取得する　など

Q57　仕入先・販売先の登録は必要になってくるか

(1) 法人番号の登録

今までは、企業ごとに仕入先、販売先の番号を各社ごとに登録・管理しており、電子商取引時には別の番号を登録、利用するといったことが起きていました。

マイナンバー制度の導入により、国の機関および地方自治体、そして会社法その他の法令の規定

により登記所の登記簿に記録された法人は、国税庁から法人番号が指定され、通知を受けることとなります。

法人番号は業種・業界問わず、原則として公開され、利用範囲が規定されていないため、行政や民間企業の間で幅広い活用が期待されています。

法人番号が一般に公開されることで、様々な分野で法人番号が利用されることが考えられます。行政機関や行政機関の間で情報連携ができるようになれば、企業の行政手続の効率化にもつながることが考えられます。

また、業種を超えた電子商取引の場合、業種ごとに異なる規格がありますが、法人番号の利用により、追加でシステム開発をしたり、伝票の突合や照会する作業が大幅に軽減されることが期待されています。

⑵　仕入先・販売先の登録は必要か

現在、検討されている食料品などの生活必需品を対象とした軽減税率が導入された場合、課税される事業者が発行する税額記載の明細書（インボイス）を利用し、軽減税率の確定が行われる可能性があり、その際、明細書を発行した事業者を特定するためには法人番号を使うのが合理的であるといわれており、それがないと軽減税率の導入自体が難しいといわれるため、今後、仕入先・販売先の法人番号の登録は必要になってくると考えられています。

Q58 情報管理規程はどうすればいい

(1) 必要な3規程

中小企業の多くは、社内規程が整備されていないのが実情です。今回のマイナンバー制度の導入で情報管理規程の策定をし、社内に個人情報の取扱いについて浸透させていく必要があると思われます。

規程等が整備されていない企業は、Pマーク、ISMSの導入の検討をしてみるいい機会かもしれません。

マイナンバー制度に関する情報管理規程としては、企業として基本的な考えを示した「特定個人情報の適正な取扱いに関する基本方針」、企業としてどのように実施していくかを明記した「特定個人情報取扱規程」、「細則」「社内マニュアル」の3つの規程の整備は必要と考えます。

(2) 特定個人情報の適正な取扱いに関する基本規程

基本方針は、企業として特定個人情報を「法令」や「社内規程」に従って取り扱うことを明記し、いつから実施していくか、どこが窓口であるかを明記することが必要と考えます。

また、会社としての姿勢を示すために、ホームページへの掲載や顧客が目に触れる場所に掲示するなどを実施していくことも検討してください。

(3) 特定個人情報取扱規程

社内規程は、規程の目的、特定個人情報の定義、範囲、安全措置に関わる組織体制、運用状況の確認、情報漏洩時の対応策、システムへのアクセス権、マイナンバーの取得・削除、利用範囲の制限などを盛り込む必要があります。

「細則」「社内マニュアル」は、実際に特定個人情報の取扱いをするときの手順書として作成することを念頭に、マイナンバー情報を取り扱う部署、従業員とともに作成することも検討してもよいと考えます。

Q59　安全管理措置とは

会社は、マイナンバーおよび特定個人情報漏えい等の防止等のための安全管理措置の検討をする必要があります（図表24参照）。

検討ポイントとしては、次の３つがあります。

①　個人番号を取り扱う事務の範囲

【図表 24　マイナンバーの安全管理措置】

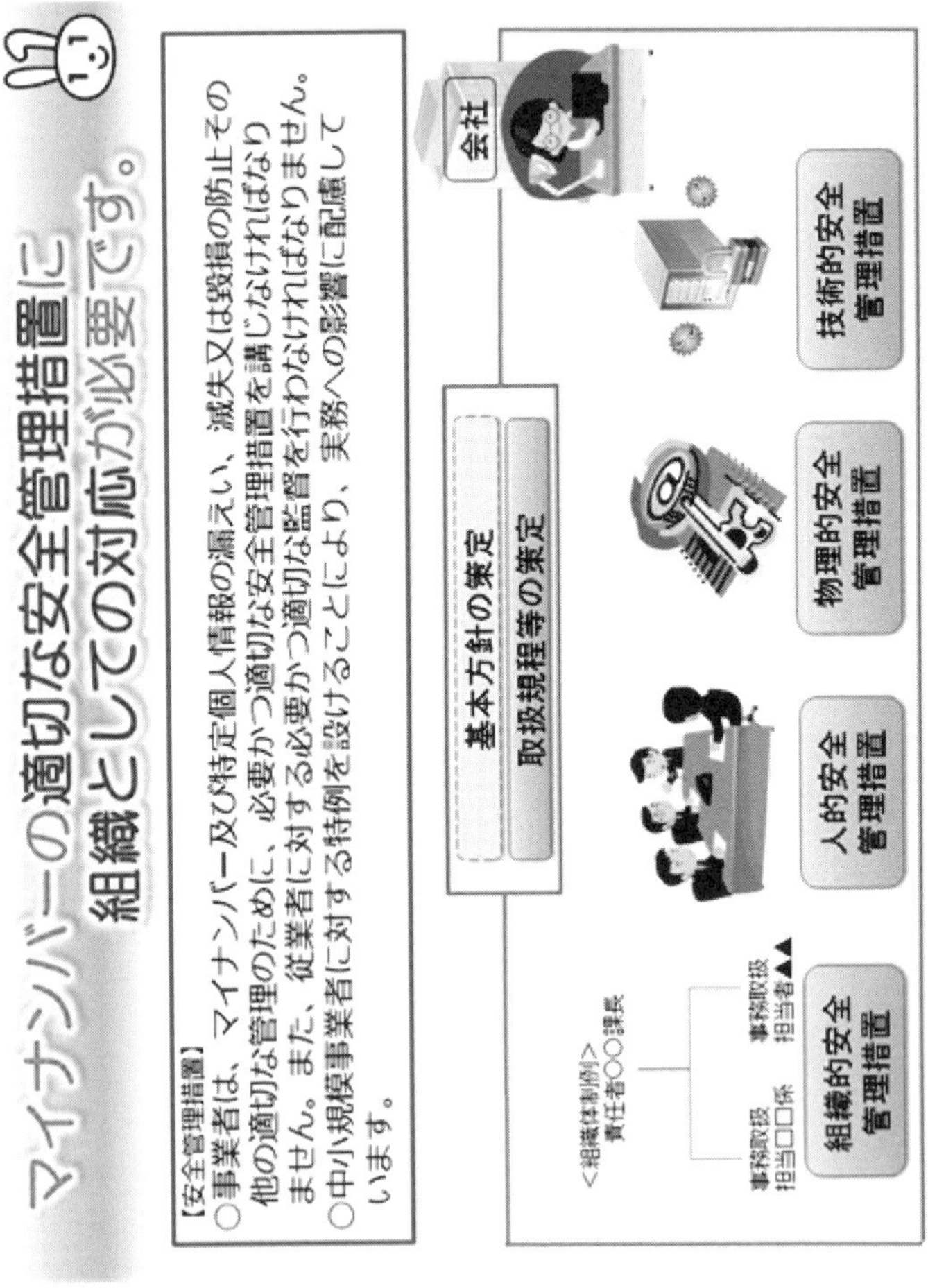

出所：内閣官房「マイナンバー　概要資料」より

②　特定個人情報等の範囲
③　特定個人情報等を取り扱う事務に従事する従業者

また、社内規程として、次の６つの規程を作成することが必要になってきます。

①　基本方針の策定
②　取扱規程等の策定
③　組織的安全管理措置
④　人的安全管理措置
⑤　物理的安全管理措置
⑥　技術的安全管理措置

チェックポイントとしては、次の３つがあります。

①　規程等が変更された場合、業務フローへの影響がないかの確認。規程変更後、業務の流れのシミュレーションの実施
②　社内規程が適切に行われているかを定期的にチェック。内部監査やＩＴ監査の実施。定期的に自社でチェックできない場合は、外部の専門家への依頼の検討
③　社内教育の実施。定期的なセミナーへの参加、チェックシートを利用したセルフチェックなどの検討

Q60 安全管理の基本規程・取扱規程は

(1) 基本規程

特定個人情報取扱いの基本方針は、従業員、顧客向けに会社の方針を示すものになります。基本方針に入れる内容としては、次の項目が必要になってきます。

① 会社名
② 関係法令・ガイドライン等の遵守
③ 安全管理措置に関する事項
④ 質問の窓口（部署、担当者）

基本規程が策定されたら、社内の従業員に説明をした上で、従業員の目につく場所に貼り出すことによって従業員に周知徹底をしましょう。

(2) 取扱規程

取扱規程は、特定個人情報の取扱いを明確にするものです。誰が特定個人情報の責任者であって、誰が情報入力を行い、マイナンバーが正しいかの確認を行い、管理しているかを明確にする規程となります。

取扱規程に基づいて運用がなされているかを確認するため、システムログまたは利用実績を記録する必要があります。

記録する項目としては、次のものがあります。

① 特定個人情報ファイルの利用・出力状況の記録
② 書類・媒体等の持出しの記録
③ 特定個人情報ファイルの削除・廃棄記録
④ 削除・廃棄を委託した場合、これを証明する記録等
⑤ 特定個人情報ファイルを情報システムで取り扱う場合、事務取扱担当者の情報システムの利用状況（ログイン実績、アクセスログ等）の記録

Q 61　組織的安全措置は

組織的安全管理措置は、「組織体制の整備」「取扱規程等に基づく運用」「取扱状況を確認する手段の整備」「情報漏洩等に対応する体制の整備」「取扱状況の把握および安全合管理措置の見直し」を検討する必要があります。

① 組織体制の整備

組織体制の整備は、マイナンバーや特定個人情報の安全管理が行えるよう組織体制の見直し、変更を検討する必要があります。事務取扱担当者が複数いる場合、責任者と事務取扱担当者を分ける必要があります。

② 取扱規程等に基づく運用

取扱規程等に基づく運用は、取扱規程等を作成した後、情報システムのアクセスログの確認を行い、適切な処理をしていることを確認し、記録を保管する体制をつくる必要があります。

③ 取扱状況を確認する手段の整備

取扱状況を確認する手段の整備は、特定個人情報ファイルの取扱状況を確認する方法を整備する必要があります。特定個人情報ファイルにいつ、誰がアクセスしたかの確認と記録を保管する必要があります。

④ 情報漏洩等に対応する体制の整備

情報漏洩等に対応する体制の整備は、情報漏洩等が発生または兆候が出てきたときに適切かつ迅速に対応するための体制やマニュアル等の作成が必要になってきます。

例えば、従業員から上司や責任者に報告・連絡する体制づくりが必要になってきます。

⑤ 取扱状況の把握および安全管理措置の見直し

取扱状況の把握および安全管理措置の見直しは、特定個人情報等の取扱状況を定期的に把握し、安全管理方法の評価、見直し、改善をするような仕組みをつくる必要があります。

また、後述するＰマークやISO27001（ＩＳＭＳ）の仕組みを使って実施することもおすすめします。

Ｑ62　人的安全措置・物理的安全措置は

(1)　人的安全措置

人的安全措置は、事務取扱者の監督、継続的な教育を実施し、啓蒙をしていく必要があります。事務取扱担当者が取扱規程等に基づき適切なオペレーションを行い、適切に特定個人情報が取り扱われているかを監督する体制を構築し、実施していくかを考える必要があります。

例えば、特定個人情報を取扱をする人の席を死角のない席に移動させるということでも、不正を防ぐことができたりします。

事務取扱担当者の教育は、特定個人情報等の適切な取扱いを周知徹底し、定期的に取扱規程の内容を理解させる、今後の法律改正により、どのように特定個人情報を取り扱っていかなければならないのかといった継続的な教育をしていく必要があります。

セミナーに参加したり、E-leaning（インターネットを利用した動画による教育）による教育も考える必要があります。

(2) 物理的安全措置

物理的安全管理措置は、次の特定個人情報等の取扱区域の明示、機器および電子媒体等の盗難等の防止、電子媒体等を持ち出す場合の漏えい等の防止、マイナンバーの削除、機器および電子媒体等の廃の4つを検討する必要があります。

① 特定個人情報等の取扱区域の明示

特定個人情報等の情報漏洩を防止するため、特定個人情報ファイルを取り扱う情報システムを管理する区域を特定し、サーバルームの入退室管理やサーバルームに壁や間仕切りがある、鍵がかかっている、サーバルームに持ち込む機器等の制限を設ける必要があります。

② 機器および電子媒体等の盗難等の防止

機器および電子媒体等の盗難等の防止をするために、機器や電子媒体、書類等の盗難、紛失を防止するために施錠できるキャビネット・書庫に保管する、セキュリティワイヤーで機器等を固定することを検討する必要があります。

③ 電子媒体等を持ち出す場合の漏えい等の防止

特定個人情報等が記録された電子媒体または書類等を持ち出す場合、容易にマイナンバーが判明しないような対策として、持出しデータの暗号化、パスワードによる保護をすることがぜひとも必要になります。

ただし、行政機関等にデータで法定調書等を提出する場合、行政機関等が指定する提出方法に従う必要があります。

④　マイナンバーの削除、機器および電子媒体等の廃棄

マイナンバーの削除、機器および電子媒体等の廃棄する場合、削除もしくは破棄した記録をする必要があります。また、これらの作業を委託する場合、委託先が確実に削除または破棄したことを証明書等により確認する必要があります。

Q63　技術的安全措置は

技術的安全は、次の４つに対応をする必要があります。

①　アクセス制御

アクセス制御は、情報システムを使用してマイナンバー利用事務を行う事務取扱担当者ごとに特定個人情報ファイルの範囲を限定し、アクセス制御をする必要があります。

例えば、人事給与システムのデータベースで特定個人情報を管理する場合、特定個人情報責任者を置き、データ入力者と利用者を別にするなどをしていく必要があります。

②　アクセス者の識別と認証

アクセス者の識別と認証は、事務担当者が正当なアクセス権を有することを識別し、認証する必要があります。

例えば、人事給与システムにおいて、事務取扱者を限定し、ログインアカウントを個別に設定する、ICカード認証をするなどの検討が必要になります。

③　外部からの不正アクセス等の防止

外部からの不正アクセス等の防止は、コンピュータウイルスから情報を保護するため、セキュリティソフトの導入など対策をする必要があります。

④　情報漏洩等の防止

特定個人情報等をインターネット等で外部に送信する場合、暗号化やパスワードをかける必要があります。

情報流出の例として、暗号化やパスワードをかけないままメールの送信先を間違えることで、情報漏えいが起きてしまうことがあります。

社内で添付ファイル送信時には、暗号化やパスワードかけるといったルールをつくり、徹底する必要があります。

Q64　委託先・再委託先の安全管理措置はどうすればいい

会社が社会保障や税に関する手続書類の作成事務の全部または一部を委託する場合、委託先で委託者自らが果たすべき安全管理措置と同等の措置が講じられるよう、必要かつ適切な監督を行わな

【図表 25　マイナンバーの委託先・再委託先での安全管理措置】

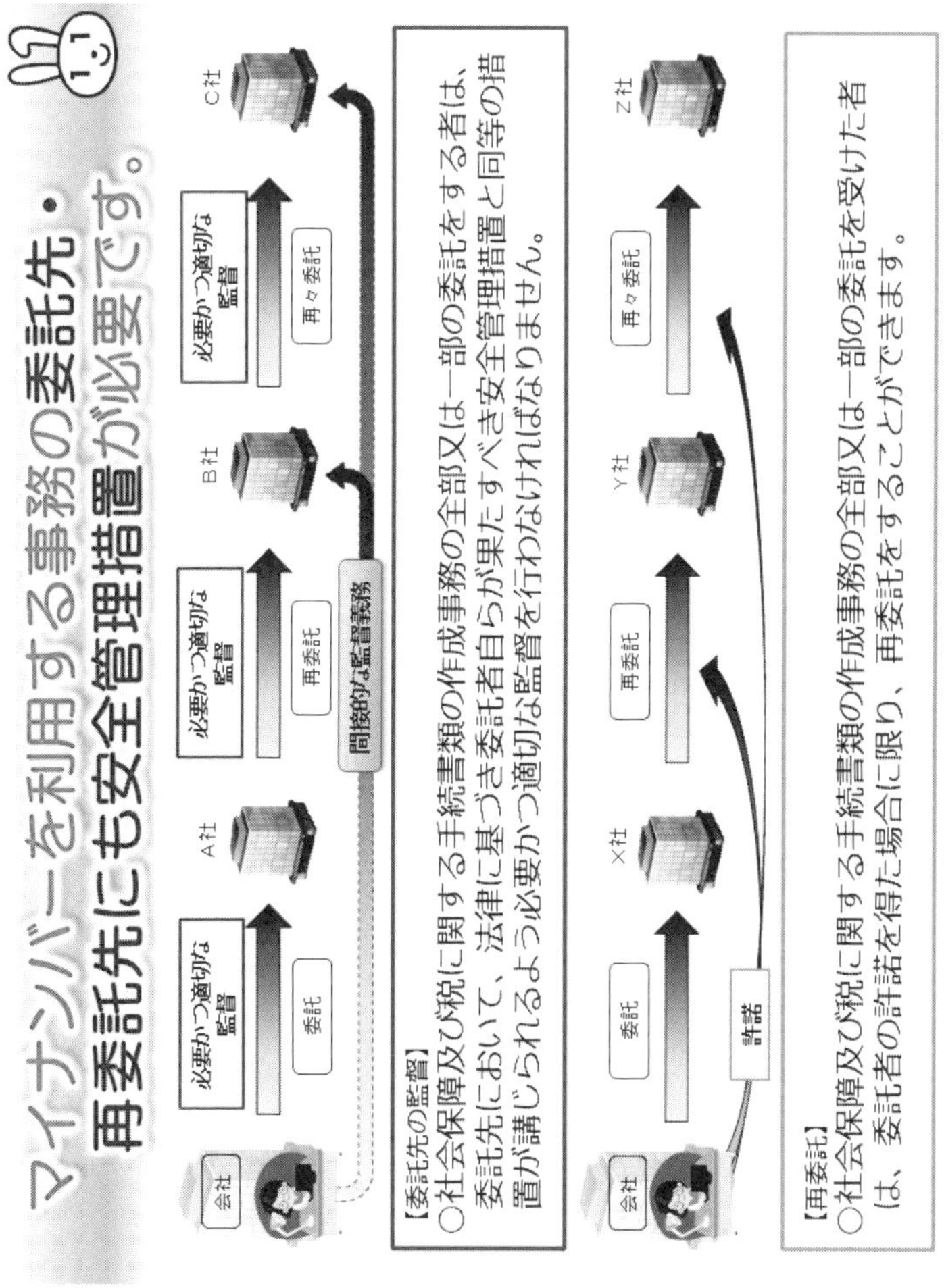

出所：内閣官房「マイナンバー　概要資料」より

ければなりません。

ここで考えられるのは、給与計算業務や決算業務が考えられます。前にも触れましたが、情報管理という面では、次の3点が必要になってきます。

①　委託先の適切な選定
②　委託先に安全管理措置を遵守させるために必要な契約の締結
③　委託先における特定個人情報の取扱状況の把握

委託者は、委託先の設備、技術水準、従業者に対する監督・教育の状況、その他委託先の経営環境等を確認する必要があります。

事務所を見ただけではわからない場合は、ＰマークやISO27001（ＩＳＭＳ）を取得しているかを確認することをおすすめします。

また、委託先への契約内容には、次のような項目を盛り込む必要があります。

①　秘密保持義務
②　事業所内からの特定個人情報の持出しの禁止
③　特定個人情報の目的外利用の禁止
④　委託契約終了後の特定個人情報の返却・廃棄
⑤　従業者に対する監督・教育、契約内容の遵守状況について報告を求める規定

さらには、委託先にどのように従業員の監督をしているか、定期的に実施している教育内容の確

認が必要になってきます。

委託者は、委託先に対する監督だけではなく、再委託先・再々委託先に対しても間接的に監督義務を負います。

委託先が他に再委託する場合、委託先は委託者に再委託することを報告し、委託者は再委託先の確認をする必要があります。

もし、再委託先の確認が難しい場合は、どのように管理・監督をしているかの報告書等の提出を求めてもいいでしょう。

Q65　定期的なチェックは

マイナンバーを取り扱う業務としては、人事・給与業務、各種支払調書の作成があり、対象部署や対象者を特定できる場合があります。

しかし、外部の専門家（弁護士、税理士など）や外部講師への支払などでは、マイナンバーの取得対象者がその都度変わる場合も考えられます。

従業者に関しても中途入社や退職を通じてマイナンバーの追加や削除といった作業も必要になるため、定期的に業務が適切に実施されているかのチェックは必要になってきます。

(1) 内部監査部門がある場合

内部監査部門がある場合、年間の内部監査計画に組み込み、定期的に業務監査やシステム監査をしていく必要があります。

内部監査項目としては、次の項目などが主な対象となるでしょう。

① 人事給与システムのアクセス権が分離しているか

② 手順に従って業務が行われているか

③ 特定個人情報の管理状態、情報の追加・削除状況はどうか

さらに、行政機関に提出する法定調書を出力したときに「12桁のマイナンバー」と「13桁の法人番号」を各帳票に正しく印字できているかどうか、帳票の管理状況などのチェックも必要になってくるでしょう。

安全管理の対応のために、外部専門家によるセキュリティ監査をすることも検討してもいいかもしれません。

(3) 内部監査部門がない場合

内部監査部門がない場合は、①外部の専門家によるチェック、②プライバシーマーク、ISO27001といった第三者機関の仕組みを使って、適切な業務が行われているかの確認が必要になってきます。

(4)　業務委託している場合

マイナンバーは、委託会社に委託することが認められているため、給与業務など定型業務はアウトソーシングするケースがあります。

現在、給与のアウトソーシングを利用している会社も多いと思われます。

その場合は、任せたままではなく、委託者に定期的に管理状況を確認することが必要と思われます。

そのためには、定期的に業務委託先への訪問をすることをおすすめします。

これらをまとめると、次のようなことがポイントとなります。

・情報管理に関する第三者機関の認定を受けているか
・定期的な監査を受けているか
・定期的にその会社に訪問しているか
・特定個人情報への取組みをしているのか
・従業員教育を定期的に実施しているのか

Q66　ＰマークやＩＳＭＳなどはどうすればいい

今回の特定個人情報は、今までの個人情報より厳格な管理が必要となってきます。

社内で情報セキュリティ規程がある場合でも、外部機関が認証するプライバシーマーク（Ｐマーク）やISO27001（ＩＳＭＳ：情報セキュリティマネジメントシステム）の導入を検討することで、仕入先や顧客からの信用を得ることができると思われます。

⑴　Ｐマークとは

Ｐマークは、個人情報保護に関して一定の要件を満たした事業者に対し、一般財団法人日本情報経済社会推進協会（ＪＩＰＤＥＣ）により使用を認められる登録商標（サービスマーク）のことを指します。

プライバシーマーク付与の対象は、国内に活動拠点を持つ法人になります。JIS Q 15001に準拠した個人情報保護マネジメントシステムの要求事項（ＰＭＳ）を定めており、ＰＭＳに基づいて実施可能な体制が整備され、かつ個人情報の適切な取扱いが実施されていることが必要になります。

企業で保有する個人情報のライフサイクル（取得→利用→保管→廃棄）分析をし、情報の持ち主を保護するためのＰＤＣＡサイクルを構築することになります。

Ｐマークは、個人情報のみが適用範囲となっており、マイナンバーに関する情報の取扱いは、Ｐマークで対応はできると考えられます。

外部審査は、２年に１回となっております。中小企業において、情報セキュリティ規程を導入していない企業は、Ｐマークの導入を検討することをおすすめします。

(2)　ＩＳＭＳとは

ＩＳＭＳは、組織における情報セキュリティを管理する仕組みであり、組織内の情報資産について「機密性」「完全性」「可用性」バランスよく維持しながら、情報資産のマネジメントを実施する仕組みです。

組織においてＩＳＭＳを「確立」「導入」「運用」「監視」「見直し」「維持」しながら、ＩＳＭＳの有効性を改善する際に、プロセスアプローチを採用することになります。個人情報だけでなく、企業内の機密情報が範囲となります。

外部審査は、継続・更新含め年1回実施するため、定期的なチェック業務としては有効なマネジメントシステムということができます。

なお、既にＩＳＭＳを導入している会社においても「特定個人情報」が追加されるため、個人番号の収集から管理、定期的な監査業務プロセスを追加する必要が出てきます。

【図表26　ISMSとPマークの比較】

制　　度	ISO27001／ISMS	プライバシーマーク
規　　格	国際標準規格 ISO/IEC27001 日本工業規格 JISQ27001	日本工業規格 JISQ15001:2006
認証範囲	全社単位もしくは部門単位でも可能	全社単位のみ
対　　象	適用範囲内のすべての情報資産全般 （ハードやソフト、当然に個人情報も含まれる）	企業内のすべての個人情報 （従業員の個人情報も含まれる）
要　　求	情報の機密性・完全性・可用性の維持 （情報資産の重要性、リスクに応じた適切な情報セキュリティ）	適切な個人情報の取扱い（個人情報の取得、利用、共同利用、委託、提供、安全管理（情報セキュリティ）、開示等要求対応、苦情対応など）
	※個人情報については、個人情報保護法および契約上の要求事項の順守が求められる。	※個人情報保護法を包括する厳格な取扱いが求められる。
更　　新	１年に１度（維持審査） ３年に１度（更新審査）	２年に１度（更新審査）
認証機関	JIPDEC　認定機関	JIPDEC、JIPDECの認定機関
セキュリティ対策	詳細管理策	合理的な安全対策
対外効果	委託先、取引先への信用拡大	消費者に対する信用拡大

第6章　付録・行政機関の手続関連資料

（主要変更予定様式例等）

本人確認措置 -01　本人から個人番号の提供を受ける場合

【Ⅰ．本人から個人番号の提供を受ける場合】

	番号確認	身元（実存）確認
対面・郵送（注1）	① 個人番号カード【法16】 ② 通知カード【法16】 ③ 個人番号が記載された住民票の写し・住民票記載事項証明書【令12①】 ④ ①から③までが困難であると認められる場合【則3①】 ア 地方公共団体情報システム機構への確認（個人番号利用事務実施者） イ 住民基本台帳の確認（市町村長） ウ 過去に本人確認の上、特定個人情報ファイルを作成している場合には、当該特定個人情報ファイルの確認。 エ 官公署又は個人番号利用事務実施者・個人番号関係事務実施者から発行・発給された書類その他これに類する書類であって個人番号利用事務実施者が適当と認める書類（ⅰ個人番号、ⅱ氏名、ⅲ生年月日又は住所、が記載されているもの） ※ 源泉徴収票など個人番号利用事務等実施者が発行等する書類や、自己の個人番号に相違ない旨の本人による申告書などを想定	① 個人番号カード【法16】 ② 運転免許証、運転経歴証明書、旅券、身体障害者手帳、精神障害者保健福祉手帳、療育手帳、在留カード、特別永住者証明書【則1①一、則2一】 ③ 官公署から発行・発給された書類その他これに類する書類であって、写真の表示等の措置が施され、個人番号利用事務実施者が適当と認めるもの（ⅰ氏名、ⅱ生年月日又は住所、が記載されているもの）【則1①二、則2二】 ④ ①から③までが困難であると認められる場合は、以下の書類を2つ以上【則1①三、則3②】 ア 公的医療保険の被保険者証、年金手帳、児童扶養手当証書、特別児童扶養手当証書 イ 官公署又は個人番号利用事務実施者・個人番号関係事務実施者から発行・発給された書類その他これに類する書類であって個人番号利用事務実施者が適当と認めるもの（ⅰ氏名、ⅱ生年月日又は住所、が記載されているもの） ⑤ ①から③までが困難であると認められる場合であって、財務大臣、国税庁長官、都道府県知事又は市町村長が租税に関する事務において個人番号の提供を受けるときは、以下のいずれかの措置をもって④に代えることができる。【則1②、則3③】 ア 公的医療保険の被保険者証、年金手帳、児童扶養手当証書、特別児童扶養手当証書のいずれか1つ イ 申告書等に添付された書類であって、本人に対し一に限り発行・発給された書類又は官公署から発行・発給された書類に記載されているⅰ氏名、ⅱ生年月日又は住所、の確認 ウ 申告書等又はこれと同時に提出される口座振替納付に係る書面に記載されている預貯金口座の名義人の氏名、金融機関・店舗、預貯金の種別・口座番号の確認 エ 調査において確認した事項等の個人番号の提供を行う者しか知り得ない事項の確認 オ アからエまでが困難であると認められる場合であって、還付請求でないときは、過去に本人確認の上で受理している申告書等に記載されている純損失の金額、雑損失の金額その他申告書等を作成するに当たって必要となる事項又は考慮すべき事情であって財務大臣等が適当と認めるものの確認 ⑥ 個人番号の提供を行う者と雇用関係にあること等の事情を勘案し、人違いでないことが明らかと個人番号利用事務実施者が認めるときは、身元（実存）確認書類は要しない。【則3⑤】
オンライン	① 個人番号カード（ICチップの読み取り）【則4一】 ② 以下のいずれかの措置 ア 地方公共団体情報システム機構への確認（個人番号利用事務実施者）【則4二イ】 イ 住民基本台帳の確認（市町村長）【則4二イ】 ウ 過去に本人確認の上、特定個人情報ファイルを作成している場合には、当該特定個人情報ファイルの確認【則4二イ】 エ 官公署若しくは個人番号利用事務実施者・個人番号関係事務実施者から発行・発給された書類その他これに類する書類であって個人番号利用事務実施者が適当と認める書類（ⅰ個人番号、ⅱ氏名、ⅲ生年月日又は住所、が記載されているもの）若しくはその写しの提出又は当該書類に係る電磁的記録の送信【則4二ロ】 ※ 通知カードの写しを別途郵送・PDFファイルの添付送信などを想定。	① 個人番号カード（ICチップの読み取り）【則4一】 ② 公的個人認証による電子署名【則4二ハ】 ③ 個人番号利用事務実施者が適当と認める方法【則4二ニ】 ※ 民間発行の電子署名、個人番号利用事務実施者によるID・PWの発行などを想定。
電話（注2）	① 過去に本人確認の上作成している特定個人情報ファイルの確認【則3①三】 ② 地方公共団体情報システム機構への確認（個人番号利用事務実施者）【則3①一】 ③ 住民基本台帳の確認（市町村長）【則3①二】	○ 本人しか知り得ない事項その他の個人番号利用事務実施者が適当と認める事項の申告【則3④】 ※ 基礎年金番号などの固有の番号、給付の受取先金融機関名等の複数聴取などを想定。

（注1） 郵送の場合は、書類又はその写しの提出
（注2） 本人確認の上特定個人情報ファイルを作成している場合であって、個人番号利用事務・個人番号関係事務にあたって電話で個人番号の提供を受け、当該ファイルにおいて個人情報を検索、管理する場合に限る。

本人確認措置 -02　本人の代理人から個人番号の提供を受ける場合

【Ⅱ．本人の代理人から個人番号の提供を受ける場合】

	代理権の確認	代理人の身元（実存）の確認	本人の番号確認
対面・郵送（注1）	① 法定代理人の場合は、戸籍謄本その他その資格を証明する書類【則6①一】 ② 任意代理人の場合には、委任状　【則6①二】 ③ ①②が困難であると認められる場合には、官公署又は個人番号利用事務実施者・個人番号関係事務実施者から本人に対し一に限り発行・発給された書類その他の代理権を証明するものとして個人番号利用事務実施者が適当と認める書類　【則6①三】 ※ 本人の健康保険証などを想定。	① 代理人の個人番号カード、運転免許証、運転経歴証明書、旅券、身体障害者手帳、精神障害者保健福祉手帳、療育手帳、在留カード、特別永住者証明書　【則7①一】 ② 官公署から発行・発給された書類その他これに類する書類であって、写真の表示等の措置が施され、個人番号利用事務実施者が適当と認めるもの（ⅰ氏名、ⅱ生年月日又は住所、が記載されているもの）【則7①二】 ②′ 法人の場合は、登記事項証明書その他の官公署から発行・発給された書類及び現に個人番号の提供を行う者と当該法人との関係を証する書類その他これらに類する書類であって個人番号利用事務実施者が適当と認める書類（ⅰ商号又は名称、ⅱ本店又は主たる事務所の所在地、が記載されているもの）【則7②】 ③ ①②が困難であると認められる場合は、以下の書類を2つ以上　【則9①】 ア 公的医療保険の被保険者証、年金手帳、児童扶養手当証書、特別児童扶養手当証書 イ 官公署又は個人番号利用事務実施者・個人番号関係事務実施者から発行・発給された書類その他これに類する書類であって個人番号利用事務実施者が適当と認めるもの（ⅰ氏名、ⅱ生年月日又は住所、が記載されているもの） ④ ①②が困難であると認められる場合であって、財務大臣、国税庁長官、都道府県知事又は市町村長が代理人たる税理士等から租税に関する事務において個人番号の提供を受けるときは、税理士名簿等の確認をもって③に代えることができる。【則9②】 ⑤ 個人番号の提供を行う者と雇用関係にあること等の事情を勘案し、人違いでないことが明らかと個人番号利用事務実施者が認めるときは、身元（実存）確認書類は要しない　【則9④】	① 本人の個人番号カード又はその写し【則8】 ② 本人の通知カード又はその写し【則8】 ③ 本人の個人番号が記載された住民票の写し・住民票記載事項証明書又はその写し　【則8】 ④ ①から③までが困難であると認められる場合 ア 地方公共団体情報システム機構への確認（個人番号利用事務実施者）【則9⑤一】 イ 住民基本台帳の確認（市町村長）【則9⑤二】 ウ 過去に本人確認の上特定個人情報ファイルを作成している場合には、当該特定個人情報ファイルの確認【則9⑤三】 エ 官公署又は個人番号利用事務実施者・個人番号関係事務実施者から発行・発給された書類その他これに類する書類であって個人番号利用事務実施者が適当と認める書類（ⅰ個人番号、ⅱ氏名、ⅲ生年月日又は住所、が記載されているもの）【則9⑤四】 ※ 源泉徴収票など個人番号利用事務等実施者が発行する書類、自己の個人番号に相違ない旨の本人による申告書などを想定。
オンライン	○ 本人及び代理人のⅰ氏名、ⅱ生年月日又は住所、並びに代理権を証明する情報の送信を受けることその他の個人番号利用事務実施者が適当と認める方法　【則10一】 ※ 電子的に作成された委任状、代理人の事前登録などを想定。	○ 代理人の公的個人認証による電子署名の送信を受けることその他の個人番号利用事務実施者が適当と認める方法　【則10二】 ※ 公的公人認証による電子署名のほか民間による電子署名、個人番号利用事務実施者によるID・PWの発行などを想定。	① 地方公共団体情報システム機構への確認（個人番号利用事務実施者）【則10三イ】 ② 住民基本台帳の確認（市町村長）【則10三イ】 ③ 過去に本人確認の上特定個人情報ファイルを作成している場合には、当該特定個人情報ファイルの確認【則10三イ】 ④ 官公署若しくは個人番号利用事務実施者・個人番号関係事務実施者から発行・発給された書類その他これに類する書類であって個人番号利用事務実施者が適当と認める書類（ⅰ個人番号、ⅱ氏名、ⅲ生年月日又は住所、が記載されているもの）若しくはその写し又は当該書類に係る電磁的記録の送信【則10三ロ】 ※ 個人番号カード、通知カードの写しを別途送付・PDFファイルの添付送信などを想定。
電話（注2）	○ 本人及び代理人しか知り得ない事項その他の個人番号利用事務実施者が適当と認める事項の申告　【則9③】 ※ 本人と代理人との関係、基礎年金番号などの固有の番号、給付の受取先金融機関名等の複数聴取などを想定。		① 過去に本人確認の上作成している特定個人情報ファイルの確認　【則9⑤三】 ② 地方公共団体情報システム機構への確認（個人番号利用事務実施者）【則9⑤一】 ③ 住民基本台帳の確認（市町村長）【則9⑤二】

（注1）郵送の場合は、書類又はその写しの提出
（注2）本人確認の上特定個人情報ファイルを作成している場合であって、個人番号利用事務・個人番号関係事務にあたって電話で個人番号の提供を受け、当該ファイルにおいて個人情報を検索、管理する場合に限る。

社会保険関係の変更予定様式一覧①

■雇用保険　変更される様式

1	雇用保険被保険者資格取得届（雇用保険法施行規則様式第2号）
2	雇用保険被保険者資格喪失届・氏名変更届（雇用保険法施行規則様式第4号）
3	高年齢雇用継続給付受給資格確認票・（初回）高年齢雇用継続給付申請書（雇用保険法施行規則様式第33号の3）
4	育児休業給付受給資格確認票・（初回）育児休業給付金支給申請書（雇用保険法施行規則様式第33号の5）
5	介護休業給付金支給申請書（雇用保険法施行規則様式第33号の6）
6	特定求職者雇用開発助成金（特定就職困難者雇用開発助成金・高年齢者雇用開発特別奨励金・被災者雇用開発助成金）第1～4期支給申請書

■雇用保険　個人番号欄が追加予定の様式等

1	雇用保険被保険者離職票－1（雇用保険法施行規則様式第6号）
2	教育訓練給付金支給申請書（雇用保険法施行規則様式第33号の2）
3	教育訓練給付金及び教育訓練支援給付金受給資格確認票（雇用保険法施行規則様式第33号の2の2）
4	日雇労働被保険者資格取得届（雇用保険法施行規則様式第25号）
5	未支給失業等給付請求書（雇用保険法施行規則様式第10号の4）
6	「障害者初回雇用奨励金支給申請書」「中小企業障害者多数雇用施設設置等助成金支給申請書」
7	「障害者トライアル雇用奨励金実施計画書」

■健康保険・厚生年金保険（事業主提出関連）　届出書等の様式変更

1	健康保険・厚生年金保険被保険者資格取得届／厚生年金保険70歳以上被用者該当届（案）
2	健康保険・厚生年金保険被保険者資格喪失届／厚生年金保険70歳以上被用者不該当届（案）
3	厚生年金保険被保険者資格喪失届／70歳以上被用者該当届（案）
4	健康保険・厚生年金保険被保険者氏名変更（訂正）届（案）※原則として届出を省略、外国籍の方のみ提出対象
5	健康保険・厚生年金保険被保険者報酬月額算定基礎届／厚生年金保険70歳以上被用者算定基礎届（案）
6	健康保険・厚生年金保険被保険者報酬月額変更届／厚生年金保険70歳以上被用者月額変更届（案）
7	健康保険・厚生年金保険被保険者賞与支払届／厚生年金保険70歳以上被用者賞与支払届（案）
8	健康保険被扶養者（異動）届／国民年金第3号被保険者関係届（案）
9	国民年金第3号被保険者関係届（案）
10	健康保険・厚生年金保険育児休業等取得者申出書（新規・延長）／終了届（案）
11	健康保険・厚生年金保険育児休業等終了時報酬月額変更届／厚生年金保険70歳以上被用者育児休業等終了時報酬月額相当額変更届（案）
12	健康保険・厚生年金保険産前産後休業取得者申出書／変更（終了）届（案）
13	健康保険・厚生年金保険産前産後休業終了時報酬月額変更届／厚生年金保険70歳以上被用者産前産後休業終了時報酬月額相当額変更届（案）
14	厚生年金保険養育期間標準報酬月額特例申出書・終了届（案）
15	厚生年金保険被保険者種別変更届（案）
16	厚生年金保険特例加入被保険者資格取得申出書（案）
17	厚生年金保険特例加入被保険者資格喪失申出書（案）
18	厚生年金保険適用証明期間継続・延長申請書（案）
19	厚生年金保険適用証明書交付申請書（案）
20	年金手帳再交付申請書（案）
21	健康保険・厚生年金保険新規適用届（案）

■　健康保険・厚生年金保険（事業主提出関連）　個人番号欄が追加される予定の様式

1	2以上事業所の選択の届出（健保則第2条・厚年則第1条）
2	2以上事業所勤務の届出（健保則第37条・厚年則第2条）
3	日雇特例被保険者の適用除外の承認申請の受理（健保則第113条）
4	日雇特例被保険者手帳の交付申請（健保則第114条）
5	任意継続被保険者の資格取得申請の届出（健保則第42条）、喪失申出（健保則第43条）
6	任意継続被保険者の被扶養者届（健保則第38条）

■健康保険（給付関係）の変更される様式（事業主提出関係）

1	食事療養標準負担額の減額に関する申請・限度額適用・標準負担額減額認定申請書
2	生活療養標準負担額の減額に関する申請・限度額適用・標準負担額減額認定申請書
3	療養費の支給の申請・（家族）療養費支給申請書
4	移送費の支給の申請・（家族）移送費請求書
5	傷病手当金の支給の申請・傷病手当支給申請書
6	埋葬料（費）の支給の申請・埋葬料（費）請求書
7	出産育児一時金の支給の申請・（家族）出産育児一時金支給申請書
8	出産手当金の支給の申請・出産手当金支給請求書
9	家族埋葬料の支給の申請・家族埋葬料支給請求書
10	特定疾病の認定の申請等・特定疾病療養受療証交付申請書
11	限度額適用認定の申請・限度額適用・標準負担額減額認定申請書
12	限度額適用・標準負担額減額の認定の申請等・限度額適用・標準負担額減額認定申請書
13	高額療養費の支給の申請・高額療養費支給申請書
14	高額介護合算療養費の支給の申請等・高額介護合算療養費支給申請書兼自己負担額証明書交付申請書
15	高額介護合算療養費の支給及び証明書の交付の申請等・高額介護合算療養費支給申請書兼自己負担額証明書交付申請書

社会保険関係の変更予定様式一覧②

■社会保障関連書類の様式改正
　個人番号を追加する等の改正を行う厚生労働省所管の省令については、その改正内容のパブリックコメントを実施中。改正する法令の一覧と施行予定日については以下の通り。

【平成27年10月】施行予定　所要の規程の整備
・予防接種法施行規則
・厚生労働省の所管する法令に係る行政手続等における情報通信の技術の利用に関する法律施行規則
・特定障害者に対する特別障害給付金の支給に関する法律施行規則

【平成28年1月】施行予定　申請書に個人番号を追加する等の改正
・児童福祉法施行規則
・予防接種法施行規則
・身体障害者福祉法施行規則
・精神保健及び精神障害者福祉に関する法律施行規則
・戦傷病者戦没者遺族等援護法施行規則
・未帰還者留守家族等援護法施行規則
・労働者災害補償法施行規則(個人番号の追加)
・国民健康保険法施行規則
・児童扶養手当法施行規則
・戦没者等の妻に対する特別給付金支給法施行規則
・戦傷病者特別援護法施行規則
・特別児童扶養手当等の支給に関する法施行規則
・母子保健法施行規則
・戦没者等の父母等に対する特別給付金支給法施行規則
・労働保険の保険料の徴収等に関する法律施行規則
・労働者災害補償保険特別支給金支給規則
・雇用保険法施行規則
・障害児福祉手当及び特別障害者手当の支給に関する省令
・中国残留邦人等の円滑な帰国の促進並びに永住帰国した中国残留邦人等及び特定配偶者の自立の支援に関する法律施行規則
・感染症の予防及び感染症の患者に対する医療に関する法律施行規則
・介護保険法施行規則
・健康保険法等の一部を改正する法律附則第百三十条の二第一項の規定によりなおその効力を有するものとされた介護保険法施行規則
・障害者の日常生活及び社会生活を総合的に支援するための法律施行規則
・厚生労働省関係石綿による健康被害の救済に関する法律施行規則
・高齢者の医療の確保に関する法律施行規則
・職業訓練の実施等による特定求職者の就職の支援に関する法律施行規則

【平成29年1月施行予定】申請書に個人番号を追加する等の改正
・健康保険法施行規則
・船員保険法施行規則
・特定障害者に対する特別障害給付金の支給に関する法律施行規則
・厚生年金保険の保険給付及び国民年金の給付に係る時効の特例等に関する法律施行規則
・厚生年金保険の保険給付及び国民年金の給付の支払の遅延に係る加算金の支給に関する法律施行規則
・労働者災害補償保険法施行規則(情報連携による添付書類の省略)

【平成29年7月】添付書類等の省略に関する規程の整備
・健康保険法施行規則
・船員保険法施行規則
・精神保健及び精神障害者福祉に関する法律施行規則
・国民健康保険法施行規則

社会保険・厚生年金保険被保険者資格取得届

届書コード	届書コード
2 0 0	2 6 9

健康保険
厚生年金保険 **被保険者資格取得届** （案）

厚生年金保険 70歳以上被用者該当届

平成　　年　　月　　日提出

受付印

提出者記入欄

事業所整理記号	−	事業所番号	
事業所所在地	届書記入の個人番号に誤りがないことを確認しました。 〒　−		
事業所名称			
事業主氏名	㊞		
電話番号	(　　　)		

提出代行者記入欄

社会保険労務士コード

社会保険労務士の提出代行者印 ㊞

個人番号を記入できない場合は、「⑥個人番号」欄に基礎年金番号（10桁、左詰め）を記入してください。また、「⑪住所」欄もあわせて記入してください。

被保険者1

① 被保険者整理番号		② 氏名	(ﾌﾘｶﾞﾅ) (氏)　(名)	③ 生年月日	5.昭和 7.平成　年　月　日	④ 種別	1.男 5.男(基金) 2.女 6.女(基金) 3.坑内員 7.坑内員(基金)
⑤ 取得区分	1.健保・厚年 3.共済出向 4.船保任継	⑥ 個人番号[基礎年金番号]		⑦ 取得(該当)年月日	7.平成　年　月　日	⑧ 被扶養者	0.無　1.有
⑨ 報酬月額	㋐(通貨)　円 ㋑(現物)　円	㋒(合計 ㋐+㋑)	円	⑩ 備考	該当する項目があれば○をしてください。 1. 70歳以上被用者該当　3. 退職後の継続再雇用者の取得 2. 二以上事業所勤務者の取得　4. その他[　]		
⑪ 住所	個人番号を記入できない場合に記入してください。 〒　−			理由: 1. 海外在住 2. 短期在留 3. その他[　]			

被保険者2

① 被保険者整理番号		② 氏名	(ﾌﾘｶﾞﾅ) (氏)　(名)	③ 生年月日	5.昭和 7.平成　年　月　日	④ 種別	1.男 5.男(基金) 2.女 6.女(基金) 3.坑内員 7.坑内員(基金)
⑤ 取得区分	1.健保・厚年 3.共済出向 4.船保任継	⑥ 個人番号[基礎年金番号]		⑦ 取得(該当)年月日	7.平成　年　月　日	⑧ 被扶養者	0.無　1.有
⑨ 報酬月額	㋐(通貨)　円 ㋑(現物)　円	㋒(合計 ㋐+㋑)	円	⑩ 備考	該当する項目があれば○をしてください。 1. 70歳以上被用者該当　3. 退職後の継続再雇用者の取得 2. 二以上事業所勤務者の取得　4. その他[　]		
⑪ 住所	個人番号を記入できない場合に記入してください。 〒　−			理由: 1. 海外在住 2. 短期在留 3. その他[　]			

被保険者3

① 被保険者整理番号		② 氏名	(ﾌﾘｶﾞﾅ) (氏)　(名)	③ 生年月日	5.昭和 7.平成　年　月　日	④ 種別	1.男 5.男(基金) 2.女 6.女(基金) 3.坑内員 7.坑内員(基金)
⑤ 取得区分	1.健保・厚年 3.共済出向 4.船保任継	⑥ 個人番号[基礎年金番号]		⑦ 取得(該当)年月日	7.平成　年　月　日	⑧ 被扶養者	0.無　1.有
⑨ 報酬月額	㋐(通貨)　円 ㋑(現物)　円	㋒(合計 ㋐+㋑)	円	⑩ 備考	該当する項目があれば○をしてください。 1. 70歳以上被用者該当　3. 退職後の継続再雇用者の取得 2. 二以上事業所勤務者の取得　4. その他[　]		
⑪ 住所	個人番号を記入できない場合に記入してください。 〒　−			理由: 1. 海外在住 2. 短期在留 3. その他[　]			

被保険者4

① 被保険者整理番号		② 氏名	(ﾌﾘｶﾞﾅ) (氏)　(名)	③ 生年月日	5.昭和 7.平成　年　月　日	④ 種別	1.男 5.男(基金) 2.女 6.女(基金) 3.坑内員 7.坑内員(基金)
⑤ 取得区分	1.健保・厚年 3.共済出向 4.船保任継	⑥ 個人番号[基礎年金番号]		⑦ 取得(該当)年月日	7.平成　年　月　日	⑧ 被扶養者	0.無　1.有
⑨ 報酬月額	㋐(通貨)　円 ㋑(現物)　円	㋒(合計 ㋐+㋑)	円	⑩ 備考	該当する項目があれば○をしてください。 1. 70歳以上被用者該当　3. 退職後の継続再雇用者の取得 2. 二以上事業所勤務者の取得　4. その他[　]		
⑪ 住所	個人番号を記入できない場合に記入してください。 〒　−			理由: 1. 海外在住 2. 短期在留 3. その他[　]			

日本年金機構
Japan Pension Service

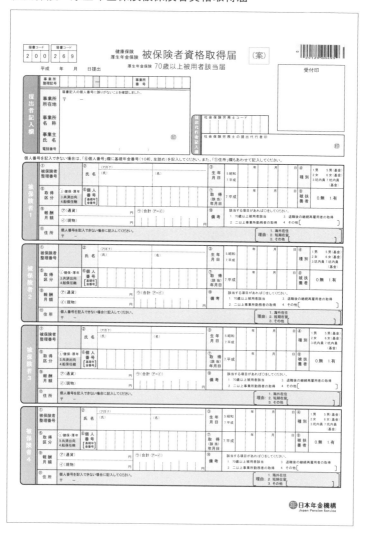

社会保険・厚生年金保険被保険者資格喪失届

届書コード 2 0 1　届書コード 2 6 9

健康保険
厚生年金保険 被保険者資格喪失届
厚生年金保険 70歳以上被用者不該当届

（案）

平成　年　月　日提出

受付印

在職中に70歳に到達された方の厚生年金保険被保険者喪失届は、この用紙ではなく70歳到達届をご提出ください。

提出者記入欄	
事業所整理記号	― 　事業所番号
事業所所在地	届書記入の個人番号に誤りがないことを確認しました。 〒　―
事業所名称	
事業主氏名	㊞
電話番号	（　　）

提出代行者記入欄	
社会保険労務士コード	
社会保険労務士の提出代行者印	㊞

個人番号を記入できない場合は、「④個人番号」欄に基礎年金番号（10桁、左詰め）を記入してください。

被保険者1			
① 被保険者整理番号	② 氏名 （フリガナ）（氏）（名）	③ 生年月日 5.昭和 7.平成　年　月　日	
④ 個人番号［基礎年金番号］	⑤ 喪失年月日 7.平成　年　月　日	⑥ 喪失（不該当）原因	4. 退職等（平成　年　月　日退職） 5. 死亡　（平成　年　月　日死亡） 7. 75歳到達（健康保険のみ喪失） 9. 障害認定（健康保険のみ喪失）
⑦ 備考	該当する項目があれば○をしてください。 1. 二以上事業所勤務者の喪失　3. その他 2. 退職後の継続再雇用者の喪失［　］	保険証回収 添付＿＿枚 返不能＿＿枚 滅失＿＿枚	⑧ 70歳不該当 □ 70歳以上被用者不該当（退職日または死亡日を記入してください） 不該当年月日 7.平　年　月　日

被保険者2			
① 被保険者整理番号	② 氏名 （フリガナ）（氏）（名）	③ 生年月日 5.昭和 7.平成　年　月　日	
④ 個人番号［基礎年金番号］	⑤ 喪失年月日 7.平成　年　月　日	⑥ 喪失（不該当）原因	4. 退職等（平成　年　月　日退職） 5. 死亡　（平成　年　月　日死亡） 7. 75歳到達（健康保険のみ喪失） 9. 障害認定（健康保険のみ喪失）
⑦ 備考	該当する項目があれば○をしてください。 1. 二以上事業所勤務者の喪失　3. その他 2. 退職後の継続再雇用者の喪失［　］	保険証回収 添付＿＿枚 返不能＿＿枚 滅失＿＿枚	⑧ 70歳不該当 □ 70歳以上被用者不該当（退職日または死亡日を記入してください） 不該当年月日 7.平　年　月　日

被保険者3			
① 被保険者整理番号	② 氏名 （フリガナ）（氏）（名）	③ 生年月日 5.昭和 7.平成　年　月　日	
④ 個人番号［基礎年金番号］	⑤ 喪失年月日 7.平成　年　月　日	⑥ 喪失（不該当）原因	4. 退職等（平成　年　月　日退職） 5. 死亡　（平成　年　月　日死亡） 7. 75歳到達（健康保険のみ喪失） 9. 障害認定（健康保険のみ喪失）
⑦ 備考	該当する項目があれば○をしてください。 1. 二以上事業所勤務者の喪失　3. その他 2. 退職後の継続再雇用者の喪失［　］	保険証回収 添付＿＿枚 返不能＿＿枚 滅失＿＿枚	⑧ 70歳不該当 □ 70歳以上被用者不該当（退職日または死亡日を記入してください） 不該当年月日 7.平　年　月　日

被保険者4			
① 被保険者整理番号	② 氏名 （フリガナ）（氏）（名）	③ 生年月日 5.昭和 7.平成　年　月　日	
④ 個人番号［基礎年金番号］	⑤ 喪失年月日 7.平成　年　月　日	⑥ 喪失（不該当）原因	4. 退職等（平成　年　月　日退職） 5. 死亡　（平成　年　月　日死亡） 7. 75歳到達（健康保険のみ喪失） 9. 障害認定（健康保険のみ喪失）
⑦ 備考	該当する項目があれば○をしてください。 1. 二以上事業所勤務者の喪失　3. その他 2. 退職後の継続再雇用者の喪失［　］	保険証回収 添付＿＿枚 返不能＿＿枚 滅失＿＿枚	⑧ 70歳不該当 □ 70歳以上被用者不該当（退職日または死亡日を記入してください） 不該当年月日 7.平　年　月　日

日本年金機構
Japan Pension Service

社会保険・厚生年金保険被保険者報酬月額算定基礎届

届書コード	届書コード
2 2 5	2 7 0

健康保険
厚生年金保険 **被保険者報酬月額算定基礎届**
厚生年金保険 70歳以上被用者算定基礎届

（案）

平成　　年　　月　　日提出

受付印

提出者記入欄

事業所整理記号	－
事業所所在地	届書記入の個人番号に誤りがないことを確認しました。 〒　　－
事業所名称	
事業主氏名	印
電話番号	（　　　　）

日本年金機構使用欄（※記入しないでください）

提出代行者記入欄

社会保険労務士コード

社会保険労務士の提出代行者印　　印

項目名

① 被保険者整理番号	② 被保険者氏名		③ 生年月日	④ 適用年月	⑰ 個人番号［基礎年金番号］※70歳以上被用者の場合のみ
⑤ 従前の標準報酬月額		⑥ 従前改定月	⑦ 昇(降)給	⑧ 遡及支払額	⑱ 備考
⑨ 給与支給月 / ⑩ 給与計算の基礎日数	報酬月額 ⑪ 通貨によるものの額	⑫ 現物によるものの額	⑬ 合計(⑪+⑫)	⑭ 総計 ※一定の基礎日数以上の月のみ / ⑮ 平均額 / ⑯ 修正平均額	

※⑰個人番号欄には70歳以上被用者の方のみ記入してください。なお、個人番号を記入できない場合は、基礎年金番号（10桁、左詰め）を記入してください。

1

①	②		③ 5.昭和 7.平成 年 月 日	④ 年 9 月	⑰
⑤ 健 千円	厚 千円	⑥ 年 月	⑦ 昇(降)給 月 1. 昇給 2. 降給	⑧ 遡及支払額 月 円	⑱ 1. 70歳以上被用者算定（算定基礎月：　月　月　月） 2. 二以上勤務　3. 月額変更予定 4. 途中入社　5. 病休・育休・休職等 6. 年間平均　7. パート 8. 短時間労働者（特定適用事業所のみ） 9. その他（　　　）
⑨ 支給月 ⑩ 日数	⑪ 通貨	⑫ 現物	⑬ 合計(⑪+⑫)	⑭ 総計	
4 月　日	円	円	円	円	
5 月　日	円	円	円	⑮ 平均額 円	
6 月　日	円	円	円	⑯ 修正平均額 円	

2

①	②		③ 5.昭和 7.平成 年 月 日	④ 年 9 月	⑰
⑤ 健 千円	厚 千円	⑥ 年 月	⑦ 昇(降)給 月 1. 昇給 2. 降給	⑧ 遡及支払額 月 円	⑱ 1. 70歳以上被用者算定（算定基礎月：　月　月　月） 2. 二以上勤務　3. 月額変更予定 4. 途中入社　5. 病休・育休・休職等 6. 年間平均　7. パート 8. 短時間労働者（特定適用事業所のみ） 9. その他（　　　）
⑨ 支給月 ⑩ 日数	⑪ 通貨	⑫ 現物	⑬ 合計(⑪+⑫)	⑭ 総計	
4 月　日	円	円	円	円	
5 月　日	円	円	円	⑮ 平均額 円	
6 月　日	円	円	円	⑯ 修正平均額 円	

3

①	②		③ 5.昭和 7.平成 年 月 日	④ 年 9 月	⑰
⑤ 健 千円	厚 千円	⑥ 年 月	⑦ 昇(降)給 月 1. 昇給 2. 降給	⑧ 遡及支払額 月 円	⑱ 1. 70歳以上被用者算定（算定基礎月：　月　月　月） 2. 二以上勤務　3. 月額変更予定 4. 途中入社　5. 病休・育休・休職等 6. 年間平均　7. パート 8. 短時間労働者（特定適用事業所のみ） 9. その他（　　　）
⑨ 支給月 ⑩ 日数	⑪ 通貨	⑫ 現物	⑬ 合計(⑪+⑫)	⑭ 総計	
4 月　日	円	円	円	円	
5 月　日	円	円	円	⑮ 平均額 円	
6 月　日	円	円	円	⑯ 修正平均額 円	

4

①	②		③ 5.昭和 7.平成 年 月 日	④ 年 9 月	⑰
⑤ 健 千円	厚 千円	⑥ 年 月	⑦ 昇(降)給 月 1. 昇給 2. 降給	⑧ 遡及支払額 月 円	⑱ 1. 70歳以上被用者算定（算定基礎月：　月　月　月） 2. 二以上勤務　3. 月額変更予定 4. 途中入社　5. 病休・育休・休職等 6. 年間平均　7. パート 8. 短時間労働者（特定適用事業所のみ） 9. その他（　　　）
⑨ 支給月 ⑩ 日数	⑪ 通貨	⑫ 現物	⑬ 合計(⑪+⑫)	⑭ 総計	
4 月　日	円	円	円	円	
5 月　日	円	円	円	⑮ 平均額 円	
6 月　日	円	円	円	⑯ 修正平均額 円	

5

①	②		③ 5.昭和 7.平成 年 月 日	④ 年 9 月	⑰
⑤ 健 千円	厚 千円	⑥ 年 月	⑦ 昇(降)給 月 1. 昇給 2. 降給	⑧ 遡及支払額 月 円	⑱ 1. 70歳以上被用者算定（算定基礎月：　月　月　月） 2. 二以上勤務　3. 月額変更予定 4. 途中入社　5. 病休・育休・休職等 6. 年間平均　7. パート 8. 短時間労働者（特定適用事業所のみ） 9. その他（　　　）
⑨ 支給月 ⑩ 日数	⑪ 通貨	⑫ 現物	⑬ 合計(⑪+⑫)	⑭ 総計	
4 月　日	円	円	円	円	
5 月　日	円	円	円	⑮ 平均額 円	
6 月　日	円	円	円	⑯ 修正平均額 円	

日本年金機構
Japan Pension Service

社会保険・厚生年金保険被保険者報酬月額変更届

届書コード	届書コード
2 2 1	2 7 0

健康保険
厚生年金保険
被保険者報酬月額変更届（案）

厚生年金保険
70歳以上被用者月額変更届

平成　年　月　日提出

受付印

提出者記入欄

事業所整理記号	—
事業所所在地	届書記入の個人番号に誤りがないことを確認しました。 〒　　－
事業所名称	
事業主氏名	㊞
電話番号	（　　　）

提出代行者記入欄

社会保険労務士コード
社会保険労務士の提出代行者印　㊞

項目名

① 被保険者整理番号	② 被保険者氏名		③ 生年月日	④ 改定年月	⑰ 個人番号［基礎年金番号］※70歳以上被用者の場合のみ
⑤ 従前の標準報酬月額		⑥ 従前改定月	⑦ 昇(降)給	⑧ 遡及支払額	⑱ 備考
⑨ 給与支給月	⑩ 給与計算の基礎日数	報酬月額		⑭ 総計	
		⑪ 通貨によるものの額 / ⑫現物によるものの額	⑬ 合計(⑪+⑫)	⑮ 平均額 / ⑯ 修正平均額	

※⑰個人番号欄には70歳以上被用者の方のみ記入してください。なお、個人番号を記入できない場合は、基礎年金番号（10桁、左詰め）を記入してください。

1

①	②		③ 5.昭和 7.平成 年 月 日	④ 年 月	⑰
⑤ 健 千円	厚 千円	⑥ 年 月	⑦昇(降)給 月 1. 昇給 2. 降給	⑧遡及支払額 月 円	⑱ 1. 70歳以上被用者月額変更 2. 二以上勤務 3. 短時間労働者（特定適用事業所のみ） 4. 昇給・降給の理由 （　　　） 5. 健康保険のみ月額変更 （70歳到達時の契約変更等） 6. その他（　　　）
⑨支給月 月	⑩日数 日	⑪通貨 円	⑫現物 円	⑬合計(⑪+⑫) 円	⑭総計 円
月	日	円	円	円	⑮平均額 円
月	日	円	円	円	⑯修正平均額 円

2

①	②		③ 5.昭和 7.平成 年 月 日	④ 年 月	⑰
⑤ 健 千円	厚 千円	⑥ 年 月	⑦昇(降)給 月 1. 昇給 2. 降給	⑧遡及支払額 月 円	⑱ 1. 70歳以上被用者月額変更 2. 二以上勤務 3. 短時間労働者（特定適用事業所のみ） 4. 昇給・降給の理由 （　　　） 5. 健康保険のみ月額変更 （70歳到達時の契約変更等） 6. その他（　　　）
⑨支給月 月	⑩日数 日	⑪通貨 円	⑫現物 円	⑬合計(⑪+⑫) 円	⑭総計 円
月	日	円	円	円	⑮平均額 円
月	日	円	円	円	⑯修正平均額 円

3

①	②		③ 5.昭和 7.平成 年 月 日	④ 年 月	⑰
⑤ 健 千円	厚 千円	⑥ 年 月	⑦昇(降)給 月 1. 昇給 2. 降給	⑧遡及支払額 月 円	⑱ 1. 70歳以上被用者月額変更 2. 二以上勤務 3. 短時間労働者（特定適用事業所のみ） 4. 昇給・降給の理由 （　　　） 5. 健康保険のみ月額変更 （70歳到達時の契約変更等） 6. その他（　　　）
⑨支給月 月	⑩日数 日	⑪通貨 円	⑫現物 円	⑬合計(⑪+⑫) 円	⑭総計 円
月	日	円	円	円	⑮平均額 円
月	日	円	円	円	⑯修正平均額 円

4

①	②		③ 5.昭和 7.平成 年 月 日	④ 年 月	⑰
⑤ 健 千円	厚 千円	⑥ 年 月	⑦昇(降)給 月 1. 昇給 2. 降給	⑧遡及支払額 月 円	⑱ 1. 70歳以上被用者月額変更 2. 二以上勤務 3. 短時間労働者（特定適用事業所のみ） 4. 昇給・降給の理由 （　　　） 5. 健康保険のみ月額変更 （70歳到達時の契約変更等） 6. その他（　　　）
⑨支給月 月	⑩日数 日	⑪通貨 円	⑫現物 円	⑬合計(⑪+⑫) 円	⑭総計 円
月	日	円	円	円	⑮平均額 円
月	日	円	円	円	⑯修正平均額 円

5

①	②		③ 5.昭和 7.平成 年 月 日	④ 年 月	⑰
⑤ 健 千円	厚 千円	⑥ 年 月	⑦昇(降)給 月 1. 昇給 2. 降給	⑧遡及支払額 月 円	⑱ 1. 70歳以上被用者月額変更 2. 二以上勤務 3. 短時間労働者（特定適用事業所のみ） 4. 昇給・降給の理由 （　　　） 5. 健康保険のみ月額変更 （70歳到達時の契約変更等） 6. その他（　　　）
⑨支給月 月	⑩日数 日	⑪通貨 円	⑫現物 円	⑬合計(⑪+⑫) 円	⑭総計 円
月	日	円	円	円	⑮平均額 円
月	日	円	円	円	⑯修正平均額 円

日本年金機構
Japan Pension Service

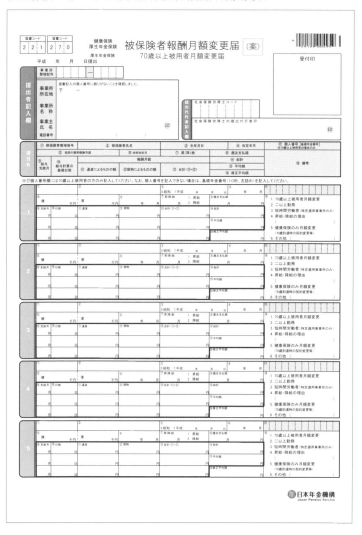

社会保険・厚生年金保険被保険者賞与支払届

届書コード	届書コード
2 6 5	2 7 0

健康保険
厚生年金保険 被保険者賞与支払届
厚生年金保険 70歳以上被用者賞与支払届

（案）

平成　年　月　日提出

受付印

提出者記入欄

事業所整理記号	—
事業所番号	
事業所所在地	届書記入の個人番号に誤りがないことを確認しました。 〒　—
事業所名称	
事業主氏名	印
電話番号	（　　）

日本年金機構使用欄	※記入しないでください

提出代行者記入欄

社会保険労務士コード

社会保険労務士の提出代行者印　印

項目名	① 被保険者整理番号	② 被保険者氏名	③ 生年月日	⑦ 個人番号［基礎年金番号］※70歳以上被用者の場合のみ
	④ 賞与支払年月日	⑤ 賞与支払額	⑥ 賞与額(千円未満は切捨て)	⑧ 備考

※⑦個人番号欄には70歳以上被用者の方のみ記入してください。なお、個人番号を記入できない場合は、基礎年金番号（10桁、左詰め）を記入してください。

	① / ④	② / ⑤		③ / ⑥	⑦ / ⑧
1	①	②		③ 5.昭和 7.平成　年　月　日	⑦
	④ ※必ず記入してください。 7.平　年　月　日	⑤ ⑦（通貨）　円	㋑（現物）　円	⑥（合計 ⑦+㋑） ,000 円	⑧ 1. 70歳以上被用者賞与 2. 二以上勤務被保険者 3. 同一月内の賞与合算（初回支払日　日）
2	①	②		③ 5.昭和 7.平成　年　月　日	⑦
	④ ※支払年月日が1人目の被保険者と同じ場合は、記入の必要はありません。 7.平　年　月　日	⑤ ⑦（通貨）　円	㋑（現物）　円	⑥（合計 ⑦+㋑） ,000 円	⑧ 1. 70歳以上被用者賞与 2. 二以上勤務被保険者 3. 同一月内の賞与合算（初回支払日　日）
3	①	②		③ 5.昭和 7.平成　年　月　日	⑦
	④ ※支払年月日が1人目の被保険者と同じ場合は、記入の必要はありません。 7.平　年　月　日	⑤ ⑦（通貨）　円	㋑（現物）　円	⑥（合計 ⑦+㋑） ,000 円	⑧ 1. 70歳以上被用者賞与 2. 二以上勤務被保険者 3. 同一月内の賞与合算（初回支払日　日）
4	①	②		③ 5.昭和 7.平成　年　月　日	⑦
	④ ※支払年月日が1人目の被保険者と同じ場合は、記入の必要はありません。 7.平　年　月　日	⑤ ⑦（通貨）　円	㋑（現物）　円	⑥（合計 ⑦+㋑） ,000 円	⑧ 1. 70歳以上被用者賞与 2. 二以上勤務被保険者 3. 同一月内の賞与合算（初回支払日　日）
5	①	②		③ 5.昭和 7.平成　年　月　日	⑦
	④ ※支払年月日が1人目の被保険者と同じ場合は、記入の必要はありません。 7.平　年　月　日	⑤ ⑦（通貨）　円	㋑（現物）　円	⑥（合計 ⑦+㋑） ,000 円	⑧ 1. 70歳以上被用者賞与 2. 二以上勤務被保険者 3. 同一月内の賞与合算（初回支払日　日）
6	①	②		③ 5.昭和 7.平成　年　月　日	⑦
	④ ※支払年月日が1人目の被保険者と同じ場合は、記入の必要はありません。 7.平　年　月　日	⑤ ⑦（通貨）　円	㋑（現物）　円	⑥（合計 ⑦+㋑） ,000 円	⑧ 1. 70歳以上被用者賞与 2. 二以上勤務被保険者 3. 同一月内の賞与合算（初回支払日　日）
7	①	②		③ 5.昭和 7.平成　年　月　日	⑦
	④ ※支払年月日が1人目の被保険者と同じ場合は、記入の必要はありません。 7.平　年　月　日	⑤ ⑦（通貨）　円	㋑（現物）　円	⑥（合計 ⑦+㋑） ,000 円	⑧ 1. 70歳以上被用者賞与 2. 二以上勤務被保険者 3. 同一月内の賞与合算（初回支払日　日）
8	①	②		③ 5.昭和 7.平成　年　月　日	⑦
	④ ※支払年月日が1人目の被保険者と同じ場合は、記入の必要はありません。 7.平　年　月　日	⑤ ⑦（通貨）　円	㋑（現物）　円	⑥（合計 ⑦+㋑） ,000 円	⑧ 1. 70歳以上被用者賞与 2. 二以上勤務被保険者 3. 同一月内の賞与合算（初回支払日　日）
9	①	②		③ 5.昭和 7.平成　年　月　日	⑦
	④ ※支払年月日が1人目の被保険者と同じ場合は、記入の必要はありません。 7.平　年　月　日	⑤ ⑦（通貨）　円	㋑（現物）　円	⑥（合計 ⑦+㋑） ,000 円	⑧ 1. 70歳以上被用者賞与 2. 二以上勤務被保険者 3. 同一月内の賞与合算（初回支払日　日）
10	①	②		③ 5.昭和 7.平成　年　月　日	⑦
	④ ※支払年月日が1人目の被保険者と同じ場合は、記入の必要はありません。 7.平　年　月　日	⑤ ⑦（通貨）　円	㋑（現物）　円	⑥（合計 ⑦+㋑） ,000 円	⑧ 1. 70歳以上被用者賞与 2. 二以上勤務被保険者 3. 同一月内の賞与合算（初回支払日　日）

日本年金機構
Japan Pension Service

健康保険被扶養者（異動）届・国民年金第３号被保険者関係届

様式コード 202　　協会管掌事業所用

健康保険被扶養者(異動)届
国民年金第3号被保険者関係届

（案）

平成　　年　　月　　日提出

受付印

※厚生年金被保険者の配偶者にかかる届出記載がある場合、同時に『国民年金第3号被保険者関係届』として受理し、配偶者を第3号被保険者に、第2号被保険者を配偶者として読み替えます。

提出者情報

事業所整理記号	－
事業所所在地	届書記入の個人番号に誤りがないことを確認しました。 〒　　－
事業所名称	
事業主氏名	印
電話番号	
事業主確認欄	事業主が確認した場合に○で囲んでください。　確認　収入に関する証明の添付が省略されている者は、所得税法上の控除対象配偶者・扶養親族であることを確認しました。

提出代行者記入欄

社会保険労務士コード

社会保険労務士の提出代行者印　印

事業主等受付年月日　平成　　年　　月　　日

A. 被保険者欄（第2号被保険者等）

①被保険者整理番号	②氏名 （フリガナ）（氏）（名）　印	③生年月日 5.昭和 7.平成　　年　　月　　日	④性別 1.男　2.女
		⑤個人番号［基礎年金番号］	
⑥取得年月日 7.平成　　年　　月　　日	⑦収入（年収）　　円	⑧住所 個人番号を記入した場合は、住所記載は不要です。〒　－　都道府県	

配偶者を被扶養者(3号被保険者)に追加する場合は「該当」に、被扶養者からのぞく場合は「非該当」に○をつけてご記入ください。

B. 配偶者である被扶養者欄（第3号被保険者等）

①氏名	第3号被保険者に関し、以下のとおり届出します。 平成　　年　　月　　日 （フリガナ） （氏 名）　印	②生年月日 5.昭和 7.平成　　年　　月　　日	③性別（続柄） 1.夫　3.夫(未届)　2.妻　4.妻(未届)
		④個人番号［基礎年金番号］	
		⑤外国籍	⑥外国人通称名
⑦住所	同居・別居　〒　　－	⑧電話番号	1.自宅　2.携帯　3.勤務先　4.その他（　　　）
該当	⑨被扶養者(第3号被保険者)になった日 7.平成　　年　　月　　日	⑩理由 1.被保険者の就職　2.婚姻　3.離職　4.収入減少　5.20歳到達　6.その他(　　)	⑪職業 1.無職　2.パート　3.年金受給者　4.その他　⑫収入（年収）　　円
非該当（変更）	⑬被扶養者(第3号被保険者)でなくなった日 7.平成　　年　　月　　日	⑭理由 1.死亡（平成　　年　　月　　日）　2.離婚　3.収入増加　4.その他(　　)	⑮備考　　種別 31

⑯ 被扶養者でない配偶者を有するときに記入してください。　配偶者の年間収入　　円

配偶者以外の方を被扶養者に追加する場合は「該当」に、被扶養者からのぞく場合は「非該当」に○をつけてご記入ください。

C. その他の被扶養者欄1

①氏名	（フリガナ）（氏）（名）	②生年月日 1.明 5.昭 3.大 7.平　　年　　月　　日	③性別 1.男　2.女	④続柄 1.実子・養子　2.1以外の子　3.父母・養父母　4.義父母　5.弟妹　6.兄姉　7.祖父母　8.曽祖父母　9.孫　10.その他
		⑤個人番号	⑥住所 1.同居　2.別居(　　)	
該当	⑦被扶養者になった日 7.平成　　年　　月　　日	⑧職業 1.無職　2.パート　3.年金受給者　4.小・中学生以下/出生　5.高・大学生(　　年生)　6.その他(　　)	⑨収入（年収）　　円	⑩理由
非該当（変更）	⑪被扶養者でなくなった日 7.平成　　年　　月　　日	⑫理由 1.75歳到達　2.障害認定　3.死亡(平成　　年　　月　　日)　4.その他（　　）	⑬備考	

C. その他の被扶養者欄2

①氏名	（フリガナ）（氏）（名）	②生年月日 1.明 5.昭 3.大 7.平　　年　　月　　日	③性別 1.男　2.女	④続柄 1.実子・養子　2.1以外の子　3.父母・養父母　4.義父母　5.弟妹　6.兄姉　7.祖父母　8.曽祖父母　9.孫　10.その他
		⑤個人番号	⑥住所 1.同居　2.別居(　　)	
該当	⑦被扶養者になった日 7.平成　　年　　月　　日	⑧職業 1.無職　2.パート　3.年金受給者　4.小・中学生以下/出生　5.高・大学生(　　年生)　6.その他(　　)	⑨収入（年収）　　円	⑩理由
非該当（変更）	⑪被扶養者でなくなった日 7.平成　　年　　月　　日	⑫理由 1.75歳到達　2.障害認定　3.死亡(平成　　年　　月　　日)　4.その他（　　）	⑬備考	

C. その他の被扶養者欄3

①氏名	（フリガナ）（氏）（名）	②生年月日 1.明 5.昭 3.大 7.平　　年　　月　　日	③性別 1.男　2.女	④続柄 1.実子・養子　2.1以外の子　3.父母・養父母　4.義父母　5.弟妹　6.兄姉　7.祖父母　8.曽祖父母　9.孫　10.その他
		⑤個人番号	⑥住所 1.同居　2.別居(　　)	
該当	⑦被扶養者になった日 7.平成　　年　　月　　日	⑧職業 1.無職　2.パート　3.年金受給者　4.小・中学生以下/出生　5.高・大学生(　　年生)　6.その他(　　)	⑨収入（年収）　　円	⑩理由
非該当（変更）	⑪被扶養者でなくなった日 7.平成　　年　　月　　日	⑫理由 1.75歳到達　2.障害認定　3.死亡(平成　　年　　月　　日)　4.その他（　　）	⑬備考	

日本年金機構 Japan Pension Service

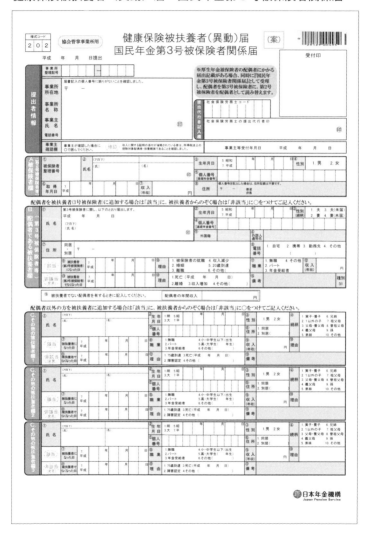

雇用保険被保険者資格取得届

様式第2号（第6条関係）（第1面）

雇用保険被保険者資格取得届

標準字体 0 1 2 3 4 5 6 7 8 9

（必ず第２面の注意事項を読んでから記載してください。）

帳票種別 13101

1. 個人番号

2. 被保険者番号

3. 取得区分（1 新規　2 再取得）

4. 被保険者氏名　　フリガナ（カタカナ）

5. 変更後の氏名　　フリガナ（カタカナ）

6. 性別（1 男　2 女）

7. 生年月日（2 大正　3 昭和　4 平成）　元号　年　月　日

8. 事業所番号

9. 資格取得年月日　4-　元号　年　月　日

10. 被保険者となったことの原因
（1 新規雇用（新規学卒）　2 新規雇用（その他）　3 日雇からの切替　4 その他　8 出向元への復帰等（65歳以上））

11. 賃金（支払の態様－賃金月額：単位千円）（1 月給　2 週給　3 日給　4 時間給　5 その他）　百万　十万　万　千円

12. 雇用形態（1 日雇　2 派遣　3 パートタイム　4 有期契約労働者　5 季節的雇用　6 船員　7 その他）

13. 職種（1～9）第２面参照

※公共職業安定所記載欄

14. 取得時被保険者種類（1 一般　2 短期常態　3 季節　4 高年齢（任意加入）　5 出向元への復帰（65歳以上）等・高年齢）

15. 番号複数取得チェック不要（チェック・リストが出力されたが、調査の結果、同一人でなかった場合に「1」を記入。）

16. 契約期間の定め　1 有 ― 契約期間　平成　年　月　日　から　平成　年　月　日　まで
契約更新条項の有無（1 有　2 無）
2 無

17. １週間の所定労働時間（（　）時間（　）分）

18. 事業所名

19. 備考	国籍・地域		在留資格
	在留期間		資格外活動許可の有無
	西暦　年　月　日まで		有・無
	□ 派遣・請負労働者として主として18以外の事業所で就労する場合		

（この用紙は、このまま機械で処理しますので、汚さないようにしてください。）

雇用保険法施行規則第6条第1項の規定により上記のとおり届けます。

平成　年　月　日

事業主　住所
氏名　　記名押印又は署名　印
電話番号

公共職業安定所長　殿

社会保険労務士記載欄	作成年月日・提出代行者・事務代理者の表示	氏名	電話番号
		印	

※所長	次長	課長	係長	係	操作者

※備考

確認通知　平成　年　月　日

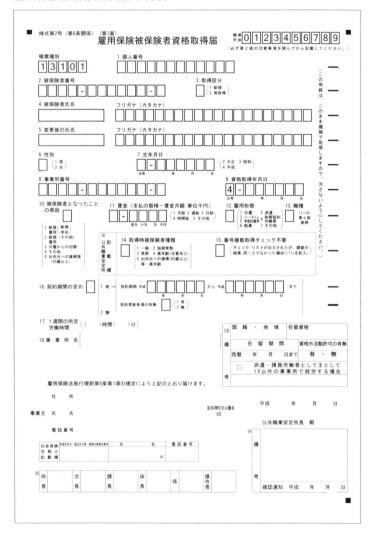

雇用保険被保険者資格喪失届・氏名変更届

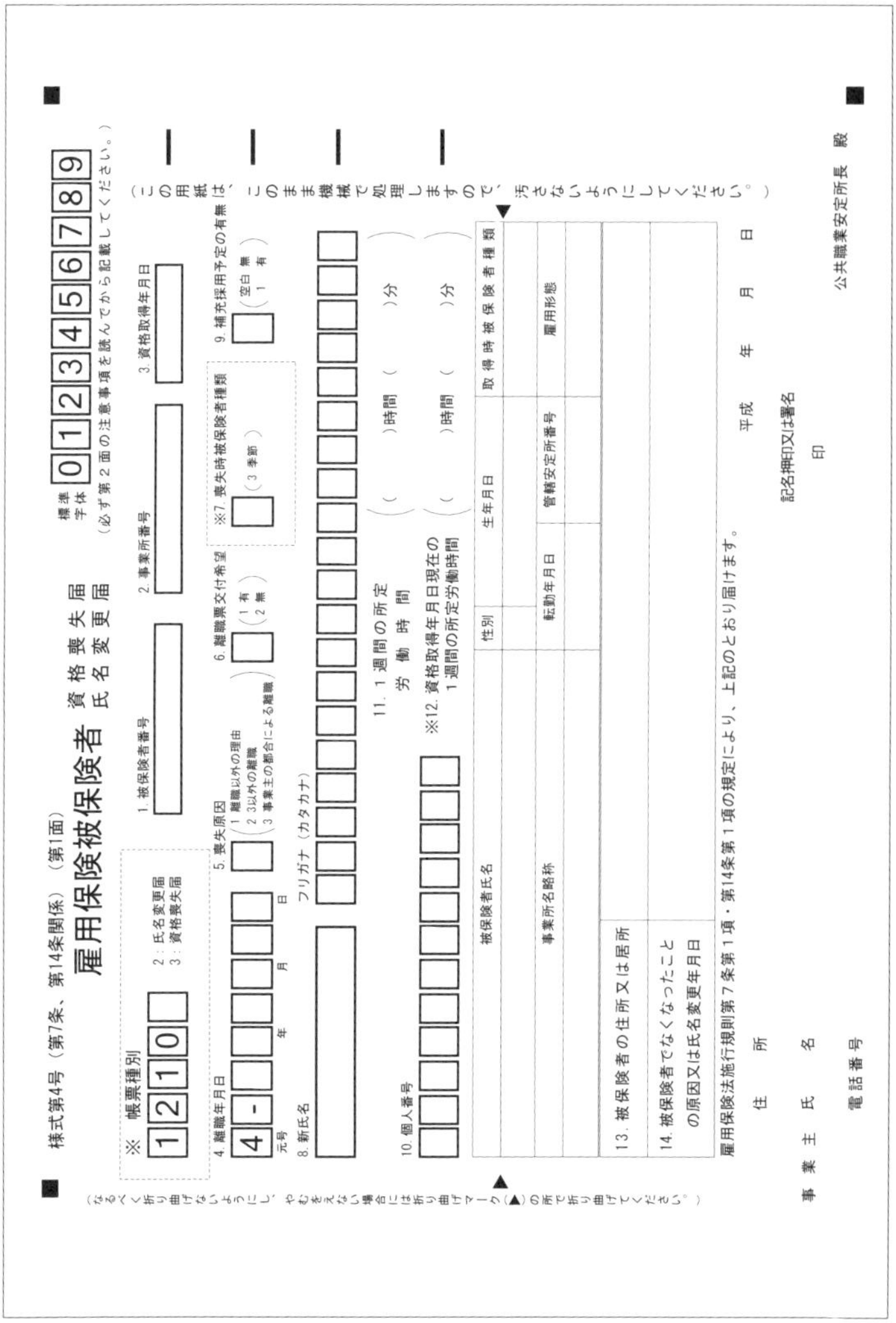
様式第4号（第7条、第14条関係）（第1面）
雇用保険被保険者　資格喪失届　氏名変更届
標準字体 0 1 2 3 4 5 6 7 8 9
（必ず第２面の注意事項を読んでから記載してください。）
※ 帳票種別 1 2 1 0　2：氏名変更届　3：資格喪失届
1. 被保険者番号
2. 事業所番号
3. 資格取得年月日
4. 離職年月日 4 -　元号　年　月　日
5. 喪失原因（1 離職以外の理由　2 3以外の離職　3 事業主の都合による離職）
6. 離職票交付希望（1 有　2 無）
※7. 喪失時被保険者種類（3 季節）
8. 新氏名　フリガナ（カタカナ）
9. 補充採用予定の有無（空白 無　1 有）
10. 個人番号
11. 1週間の所定労働時間（　　）時間（　　）分
※12. 資格取得年月日現在の1週間の所定労働時間（　　）時間（　　）分

被保険者氏名	性別	生年月日	取得時被保険者種類

事業所名略称	転勤年月日	管轄安定所番号	雇用形態

13. 被保険者の住所又は居所
14. 被保険者でなくなったことの原因又は氏名変更年月日

雇用保険法施行規則第７条第１項・第14条第１項の規定により、上記のとおり届けます。
平成　年　月　日
事業主　住所　氏名　電話番号
記名押印又は署名　印
公共職業安定所長　殿
（この用紙は、このまま機械で処理しますので、汚さないようにしてください。）
（なるべく折り曲げないようにし、やむをえない場合には折り曲げマーク（▶）の所で折り曲げてください。）

高年齢雇用継続給付受給資格確認票・（初回）高年齢雇用継続給付支給申請書

様式第33号の3（第101条の5、第101条の7関係）（第1面）

高年齢雇用継続給付受給資格確認票・（初回）高年齢雇用継続給付支給申請書

（必ず第２面の注意書きをよく読んでから記入してください。）

帳票種別 12300

1. 個人番号

2. 被保険者番号

3. 資格取得年月日（3 昭和　4 平成）
元号　年　月　日

4. 事業所番号

5. 給付金の種類（1 基本給付金　2 再就職給付金）

＜賃金支払状況＞

6. 支給対象年月その１ 4- 元号　年　月	7. 6欄の支給対象年月に支払われた賃金額 円	8. 賃金の減額のあった日数 日	9. みなし賃金額 円
10. 支給対象年月その２ 4- 元号　年　月	11. 10欄の支給対象年月に支払われた賃金額 円	12. 賃金の減額のあった日数 日	13. みなし賃金額 円
14. 支給対象年月その３ 4- 元号　年　月	15. 14欄の支給対象年月に支払われた賃金額 円	16. 賃金の減額のあった日数 日	17. みなし賃金額 円

※公共職業安定所記載欄

60歳到達時等賃金登録欄

18. 賃金月額（区分－日額又は総額）（1 日額　2 総額）円
19. 登録区分
20. 基本手当の受給資格
21. 定年等修正賃金登録年月日 4- 元号　年　月　日

高年齢雇用継続付受給資格確認票項目記載欄

22. 受給資格確認年月日 4- 元号　年　月　日
23. 支給申請月（1 奇数月　2 偶数月）
24. 次回（初回）支給申請年月日 4- 元号　年　月　日
25. 支払区分
26. 金融機関・店舗コード　口座番号
27. 未支給区分（空欄 未支給以外　1 未支給）

（この用紙は、このまま機械で処理しますので、汚さないようにしてください。）

その他賃金に関する特記事項

28.	29.	30.

上記の記載事実に誤りのないことを証明します。

事業所名（所在地・電話番号）

平成　年　月　日　　事業主氏名　　印

上記のとおり高年齢雇用継続給付の受給資格の確認を申請します。
雇用保険法施行規則第101条の５・第101条の７の規定により、上記のとおり高年齢雇用継続給付の支給を申請します。

平成　年　月　日　　公共職業安定所長　殿　　申請者氏名《フリガナ》　　印

払渡希望金融機関指定届

				金融機関コード	店舗コード	金融機関による確認印
払渡希望金融機関	フリガナ					
	名　称		本店 支店			
	銀行等（ゆうちょ銀行以外）	口座番号	（普通）			
	ゆうちょ銀行	記号番号	（総合）　－			

◆ 金融機関へのお願い
雇用保険の失業等給付を受給者の金融機関口座へ迅速かつ正確に振り込むため、次のことについて御協力をお願いします。
1 上記の記載事項のうち「申請者氏名」欄、「名称」欄及び「銀行等（ゆうちょ銀行以外）」の「口座番号」欄（「ゆうちょ銀行」の「記号番号」欄）を確認した上、「金融機関による確認印」欄に貴金融機関確認印を押印してください。
2 金融機関コード及び店舗コードを記入してください（ゆうちょ銀行の場合を除く。）。

備考						
賃金締切日	日	賃金支払日	当月・翌月　日	賃金形態	月給・日給・時間給・	
所定労働日数	6欄　日		10欄　日		14欄　日	
通勤手当	有（毎月・３か月・６か月・　　）・無					

※処理欄				
資格確認の可否	可　・　否			
年齢確認書類	住・免・（　　）			
資格確認年月日	平成	年	月	日
通知年月日	平成	年	月	日

社会保険労務士記載欄	作成年月日・提出代行者・事務代理者の表示	氏名	電話番号
		印	

※所長	次長	課長	係長	係	操作者

税金関係の変更予定様式一覧

■所得税法に規定するもの

1	所得の源泉徴収票
2	退職所得の源泉徴収票
3	報酬、料金、契約金及び賞金の支払調書
4	不動産の使用料等の支払調書
5	不動産等の譲受けの対価の支払調書
6	不動産等の売買又は貸付けのあっせん手数料の支払調書
7	利子等の支払調書
8	国外公社債等の利子等の支払調書
9	配当、剰余金の分配及び基金利息の支払調書
10	国外投資信託等又は国外株式の配当等の支払調書
11	投資信託又は特定受益証券発行信託収益の分配の支払調書
12	オープン型証券投資信託収益の分配の支払調書
13	配当等とみなす金額に関する支払調書
14	定期積金の給付補てん金等の支払調書
15	匿名組合契約等の利益の分配の支払調書
16	生命保険契約等の一時金の支払調書
17	生命保険契約等の年金の支払調書
18	損害保険契約等の満期返戻金等の支払調書
19	損害保険契約等の年金の支払調書
20	保険等代理報酬の支払調書
21	非居住者等に支払われる組合契約に基づく利益の支払調書
22	非居住者等に支払われる人的役務提供事業の対価の支払調書
23	非居住者等に支払われる不動産の使用料等の支払調書
24	非居住者等に支払われる借入金の利子の支払調書
25	非居住者等に支払われる工業所有権の使用料等の支払調書
26	非居住者等に支払われる機械等の使用料の支払調書
27	非居住者等に支払われる給与、報酬、年金及び賞金の支払調書
28	非居住者等に支払われる不動産の譲受けの対価の支払調書
29	株式等の譲渡の対価等の支払調書
30	交付金銭等の支払調書
31	信託受益権の譲渡の対価の支払調書
32	公的年金等の源泉徴収票
33	信託の計算書
34	有限責任事業組合等に係る組合員所得に関する計算書
35	名義人受領の利子所得の調書
36	名義人受領の配当所得の調書
37	名義人受領の株式等の譲渡の対価の調書
38	譲渡性預金の譲渡等に関する調書
39	新株予約権の行使に関する調書
40	株式無償割当てに関する調書
41	先物取引に関する支払調書
42	金地金等の譲渡の対価の支払調書
43	外国親会社等が国内の役員等に供与等をした経済的利益に関する調書

■相続税法に規定するもの

1	生命保険金・共済金受取人別支払調書
2	損害(死亡)保険金・共済金受取人別支払調書
3	退職手当金等受給者別支払調書
4	信託に関する受益者別(委託者別)調書

■租税特別措置法に規定するもの

1	上場証券投資信託等の償還金等の支払調書
2	特定新株予約権等・特定外国新株予約権の付与に関する調書
3	特定株式等・特定外国株式の異動状況に関する調書
4	特定口座年間取引報告書
5	非課税口座年間取引報告書

■内国税の適正な課税の確保を図るための国外送金等に係る調書の提出等に関する法律に規定するもの

1	国外送金等調書
2	国外財産調書
3	国外証券移管等調書

退職所得の源泉徴収票・特別徴収票

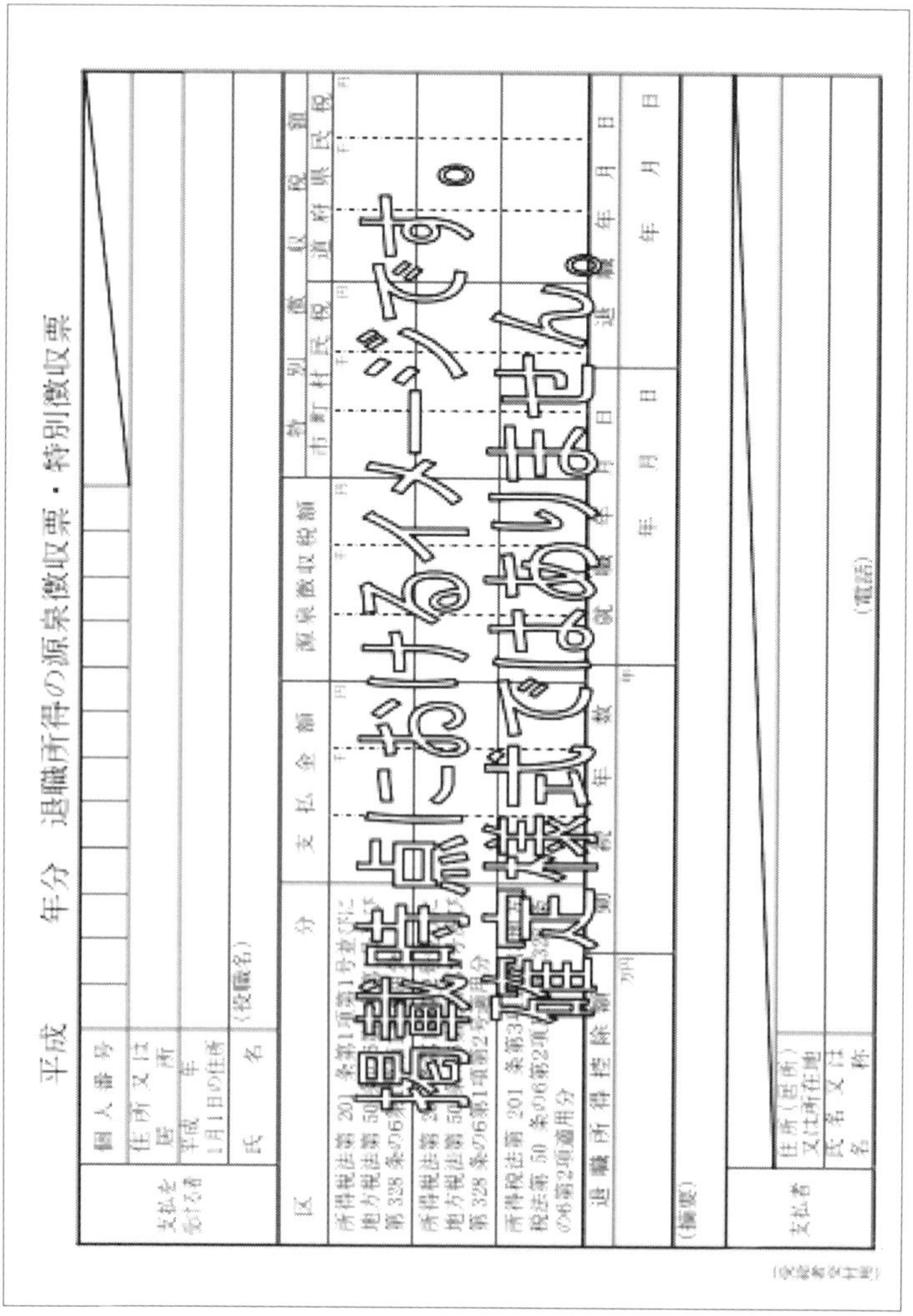

報酬、料金、契約金及び償金の支払調書

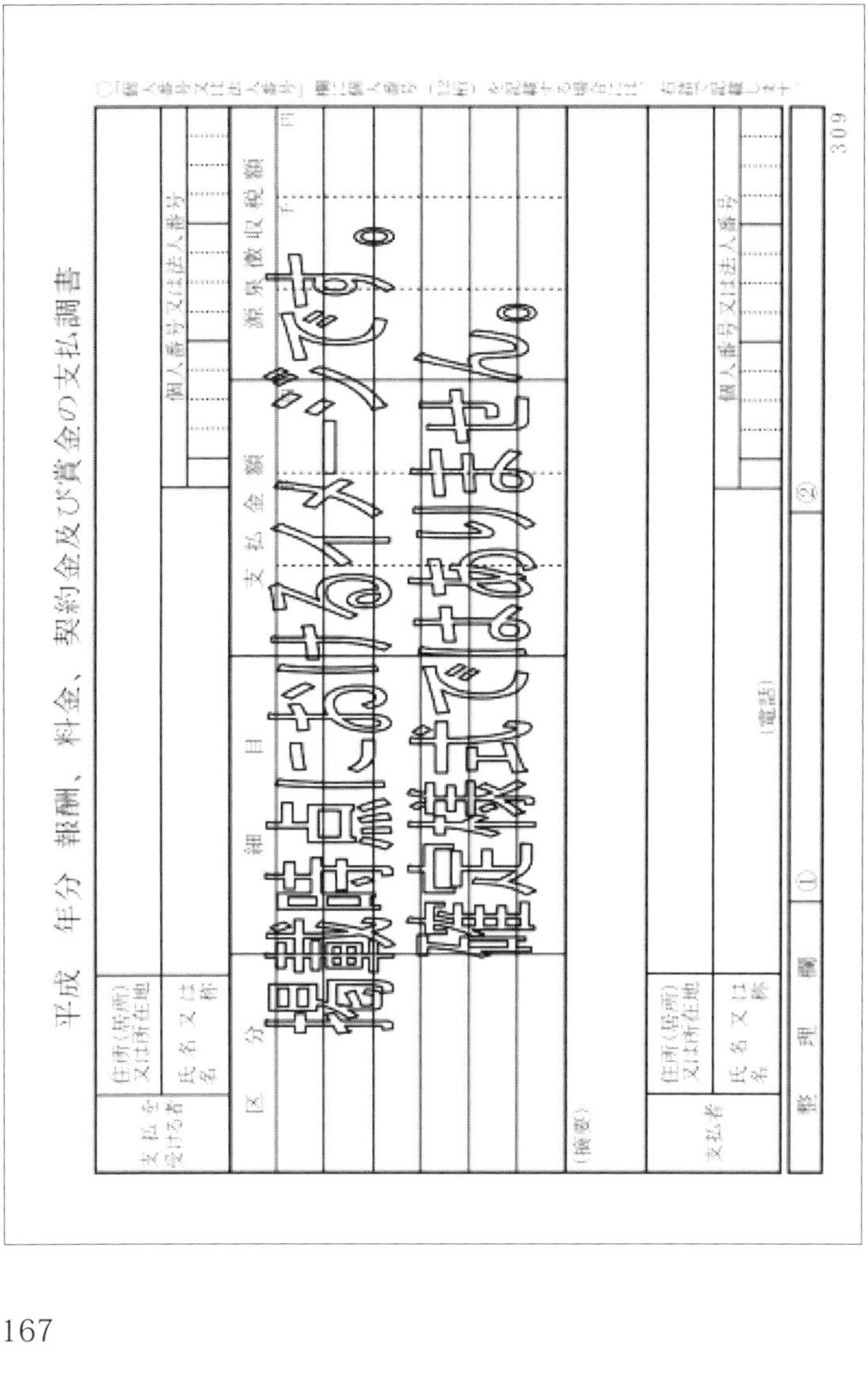

平成　年分　報酬、料金、契約金及び賞金の支払調書

支払を受ける者	住所(居所)又は所在地		
	氏名又は名称		個人番号又は法人番号
区分	細目	支払金額	源泉徴収税額
		千　円	千　円
(摘要)			
支払者	住所(居所)又は所在地		
	氏名又は名称	(電話)	個人番号又は法人番号
整理欄	①	②	

○「個人番号又は法人番号」欄に個人番号（12桁）を記載する場合には、右詰で記載します。

309

掲載時点におけるイメージです。
確定様式ではありません。

編著者紹介

みらいコンサルティンググループ

みらいコンサルティンググループのご紹介

1987年4月監査法人の直系会社として設立。2007年4月に監査法人から独立。公認会計士、税理士、社会保険労務士、中小企業診断士、司法書士などの有資格者を中心に金融機関、事業会社出身者を含め各分野のプロフェッショナル数は200名。会計・税務、経営改善・成長戦略、IPO、企業再生、国際税務、企業再編、M&A、人事労務のコンサルティングサービスを提供。

【代表者】
久保光雄（みらいコンサルティンググループCEO　公認会計士）

【執筆者】
佐藤　繁（経営コンサルタント）
岡田　烈司（特定社会保険労務士）
福田　芳明（特定社会保険労務士）
松元　秀俊（社会保険労務士）
村松　剛（税理士）
山田　裕之（税理士）

Q&A マイナンバー制度で変わる企業の実務と対応策

2015年5月21日発行

編著者　みらいコンサルティンググループ

発行人　森　忠順
発行所　株式会社 セルバ出版
〒113-0034
東京都文京区湯島1丁目12番6号 高関ビル5B
☎ 03（5812）1178　FAX 03（5812）1188
http://www.seluba.co.jp/
発　売　株式会社 創英社／三省堂書店
〒101-0051
東京都千代田区神田神保町1丁目1番地
☎ 03（3291）2295　FAX 03（3292）7687

印刷・製本　モリモト印刷株式会社

●本書の内容に関する質問はFAXでお願いします。

Printed in JAPAN
ISBN978-4-86367-202-4